JN069063

悪戦苦闘が
道を拓く

教師よ，高くそして低く翔べ

前田勝洋 著

黎明書房

プロローグ

寄り添い，励まし，支える教師への道

　今の学校現場では，「ありがとう」「ごくろうさま」「よくがんばったね」「これからだ」の言葉も虚しく響いています。その学校現場には，「仕事に行き詰まり」を感じている多くの教師がいます。その現実を目の当たりにして，私はこの小著を書こうとしています。

　明日の希望を一言で語れば，「試行錯誤」が許される社会，学校現場になることだと私は思うのです。

　あのエジソンは，電球を発明する時に，2万回の失敗をしたと言われています。そんなエジソンは，1万回失敗した時，「もう1万回も失敗したじゃないか。何でそんなにも徒労と思われることをするのか」との問いに「失敗ではない。1万回このやり方ではできないことを発見しただけだ」と事も無げに語ったとか。

　試行錯誤の結果がいわゆる「失敗」に見えても，それをポジティブにとらえることの大切さを思うのです。「失敗が許される社会」「挫折を絶望としない社会」が声高に叫ばれるようになることを望むばかりです。

　「何も武器などない我が身でいい」「過去を振り返らず，未来を思わず，今を生きる我が身になる」ことを希求する人々の生きやすい社会の到来こそ待ち望まれます。学校現場は，まさにそうあるべきだと私は強く思うのです。序列をつくり差別を生み出す学校現場になっている現実を私たちはどうしたらいいのでしょうか。

　序列社会がモロに学校現場に覆いかぶさっている現実では，「子どもたちの悲しみ」「子どもたちの辛さ」に寄り添う教師の「愛のこもる優しさ」「愛のこもる厳しさ」による営みを不可能にしています。

私は懇願します。今こそ「歯を食いしばり涙をこらえて共に歩く」ことが教師の営為として，丁寧に誠実に行われることを。

　それは一人の教師の営みとしてではなく，まずはその学校の教師たちが一丸となって始められることを，希求します。そんな思いを抱きながら，この本を始めたいと思います。

　最後になりましたが，今回も出版にあたり，黎明書房社長武馬久仁裕様，編集担当都築康予様には格別なご指導をいただきました。心から厚くお礼申し上げます。ほんとうにありがとうございました。

　この小著が，現場で誠実に精進しているみなさまのお役に少しでも貢献できましたら，この上ない慶びです。みなさまのご健闘を心からご祈念申し上げます。

　　2023 年 6 月 5 日　　81 歳の誕生日に

　　　　　　　　　　　　　　　　　　　　前 田 勝 洋

目　次

1　新たなる出発

（1）　間違いを怖がらない教室

「教室はまちがうところだ」

蒔田　晋治先生の「教室はまちがうところだ」の詩は，多くのみなさんに共有されている詩です。

　蒔田先生は中学校の数学の先生でした。数学と言えば「間違えること」がもっとも恥ずかしいこと，嫌なことだと思われる教科でもあります。そんな数学の教師としての蒔田先生が「教室はまちがうところだ」を綴られたのでした。

　担任している生徒に，学ぶことで最も大切なことは，「間違えて学ぶ」ことだと切々と訴えられ，生徒にあらぬ不安感を与えない授業をされたと言います。それは間違えることを許す授業というよりも，間違えてこそ学び甲斐があるという授業法であったのです。

小学　4年生を担任していた田中先生は，入学式・始業式を終えて子どもたちを教室に誘導してきました。その教室に入った子どもたちは，あっと驚いたのです。それは黒板の上に貼られた大きな紙に太い筆で「教室はまちがうところだ！　そんなみんなになろうや！」と書いてあるのを見たからでした。それは田中先生が書いたものです。

田中先生は「みんないいか，勉強は答えを得意になって発言するところではないぞ」「みんなが転んだりつまずいたりして，たくさん間違えて学ぶところだ」「だから，怖がらなくてもいいのだ。臆病にならなくてもいいのだ」「先生は，間違っても歯を食いしばってがんばる子を心から応援する」と一人ひとりの顔を見て語ってくれたのでした。

　そんな田中先生の学級に橋本さんという女の子がいました。彼女は3年生まで不登校気味で，教室が何だかとても怖いところであると強く思っていました。田中先生は男の先生です。橋本さんにとって今までで初めての男の先生ですから，「嫌だな！　怖いな！」と思っていました。

授業　が始まってある日のこと，A君が発言した時に間違えてしまったのです。その時教室の中に笑い声が起きました。田中先生は「何で笑うのだ！」「おまえはあれが見えないのか！」と黒板の上に書いてある詞を指さして激しく怒ったのでした。

　「間違えた人ほど大きな高い山に登っているのだ！　今度笑ったら笑った子は勉強をする資格のない子だ！」と田中先生は真剣になって怒鳴ったのでした。橋本さんはその一部始終を目の当たりにしながら，「ああ私も田中先生なら手を挙げることができそうだ」と思ったのでした。

　田中先生は，怒ったあと，すぐに笑顔になりながら「みんなすまん。でもなあ，先生はみんなが大好きだから，間違えてこそがんばれる子になってほしいのだ」と言いました。そして笑顔から涙を流しながら「みんな先生に負けないでがんばれよ！」「指切りげんまん約束だよ」と語ったのでした。

　橋本さんは，その日から学校が怖いところではなくなっていく気がして，お母さんに付き添ってもらわないで行けるようになったのでした。

　橋本さんは，その後大学へ進学して，「田中先生のような先生になろう」と今は強く思っていることを私に語ってくれたのでした。

至らないところがあって，当然だ！

初め から「できる，やれる」のなら学校へ行くこともありません。もっと言うならば，学校は得意になって学ぶところではありません。それがいつの頃からか「できる人間」が大手を振っている場になってきたのです。そして序列社会になってきました。「順位」「通知表」などに顕著にその傾向は現れています。いくら日頃「できなくてもいいのだよ」「がんばることが大事なことだよ」と言っても，実際に順位が発表され，通知表の表記に無情にも数字が並ぶと，教師の言葉は何であったのかと思うばかりです。

　人は「至らないところがあって，当然だ！」とは誰しも当たり前のこととして理解しています。それが無情な数字と対面した時，子どもはやる気を失い，希望とは程遠い場所にいる自分を痛いほど認識するのです。無邪気な子ども心に楔が打たれるのです。

加藤 先生は40代の男の先生でした。中学校の英語の指導を本職にしていました。そんな加藤先生には気にかかることがありました。

　塾通いをしている生徒たちが授業中に得意になっていることでした。「できる，やれる，話せる，聴ける」生徒が授業の真ん中で大手を振っているのです。できないやれない生徒たちはうつむき加減でじっと授業が終わるのを待っていることに加藤先生は耐えられませんでした。

　加藤先生の使命は「できない生徒に力をつけること」にあります。しかし，中学1年の4月の最初から歴然と差のついた学力は，出遅れている生徒たちをいたたまれなくさせるものです。そこで，そんな生徒たちに加藤先生は英文を音読する時に，「指読み」という手法を試しました。

「指読み」 は，音読する（リーディング）時に人差し指で音読しているセンテンスの単語をたどることをすることです。そんな加藤先生の指導の仕方に，できる生徒たちは馬鹿にしたような投げやりな態度をとりました。「そんな小学1年生にやらせるようなことをして，勉強になるのか」が，できる生徒たちの言い分でした。

　加藤先生はそんな横柄な態度をとる生徒には見向きもせずにひたすら授業の中で根気強く続けたのでした。それはリーディングすること，ヒアリングすることを根底から覆すような学びの方法であったのです。

　加藤先生は「人間は至らないところがあって当たり前なんだ」「できる人間だけが認められる勉強であってはならない」「そのためにも基礎の基礎である『指読み』を根気強くやることで学びのやりがいをみんなに体得させたい」と強く思って指導にあたったのです。

そんな 加藤先生の授業への立ち向かい方は，学びの稚拙な生徒たちにじわじわと支持されていきました。「加藤先生はできる生徒の味方ではない。俺たちを応援してくれている」そんな空気が教室中に広がっていくのを多くの生徒たちは体感していったのでした。

　『指読み』という1つの学びの方法が，底辺に位置していた生徒にも自信とやる気を与えていったのです。それは加藤先生のこだわり抜いた学習法が多くの生徒に支持された瞬間でもあったのでした。

山あり谷ありの中に歓びがある

新しい 年度になると，子どもたちにとっても，担任教師にとっても，新しい出会いが始まります。担任教師の側になれば，今年はどんな子どもたちの構成になっているかが気になるところです。子どもたちの中に扱いにくい子がいたり，やりにくい保護者がいたりす

れば，悩ましいところです。せっかく心新たに出発できるかなと思って
いた出鼻を挫かれることもあるでしょう。

　確かにできることなら，安泰な構成になっていることを期待します。
しかし，思い出してください。私などもそうだったのですが，「難儀な
ことがたくさんあって，七転八倒した年度ほど思い出深い日々であった」
と，いつまでも心に残るものです。苦しい日々もやりがいに満ちた日々
に転嫁してくれるのです。「山あり谷ありの中に歓びがある」と言うこ
とはまんざら作り話でもありません。悪戦苦闘して七転八倒して……ほ
んとうにどうなることかと案じ眠れないような日々が今は懐かしい思い
出になって，自分の教師人生の彩になっていることも多々あります。

桜井　先生は，教師歴4年目の男性教師です。彼は小学校の教師に
　　　　なってから，主として高学年の担任をしてきました。しかし，
4年目になって低学年の2年生を担任したのでした。そこで今もまざ
まざと彼の記憶に焼き付いているのは，学びの幼い子どもたちに，授業の
技量がまったく通用しないという悲惨な状況でした。

　教室の中を立ち歩く子どもや，忘れ物をしても何も言うことなく，そ
の場をうつうつと過ごしている子どもがいるのでした。それが1人や
2人のことなら，対応のしようもあるのですが，なんせ大勢の子どもに
紛れてあっちにもこっちにもいるのですから，授業が成立する手ごたえ
がまったくありません。授業を終えて子どもたちが帰宅した後の教室で，
「きょうも疲れた」という言葉が，ため息と共に漏れるばかりでした。

　隣の教室の担任の女性教師は彼よりも1つ年下です。でもこの学校
に赴任してから，低学年を担任してきたせいか，職員室で見せる顔には，
疲労感があまりありません。むしろ笑顔で手際よく仕事を片付けて帰宅
する姿に，桜井先生は徒労感が増すのでした。

11

　　　　　　桜井先生の姿を主任の河合先生は見逃しませんでした。さ
そんな　すがです。「おい，きょうは一杯飲みに行こうか」と，あ
る日の夕刻声をかけてくれたのです。桜井先生はあまり気が進まなかっ
たのですが，主任からの誘いです。「はい……」とうなずいて，お供す
ることにしました。

　こぢんまりとした店に入りました。主任の行きつけの店でしょうか。
主人に「また来たよ。きょうは新顔も一緒だからよろしくね」と声を
かけたのです。

　一献傾けたあと，主任はおもむろに，「桜井先生，毎日疲れるか……」
と呼び水を注いだのです。「はい……」「疲れます」主任はうなずきなが
ら，桜井先生の横顔にかなりの疲労感が漂うのを感じていました。

　「オレもそうだったなあ。恥ずかしいほど，落ち込んだ日々の連続だ
ったよ」と主任は遠くを見るようにつぶやいたのです。

　「ええ，そうなんですか，主任さんでも……」

　主任は「そんなもんだよ，駆け出しの頃はみんなみんな……」。主任
は言葉をついで，「でもさあ，桜井先生，そんな時は，誰かに愚痴って
いいんだよ。なんでも自分の中にため込まずに……恥ずかしいことでも
なんでもないしなあ」。

　「それにどの先生もみんなそんなもんだよ。みんな苦渋をなめてなん
とか，要領を覚えて学級担任をしているのだよ」

　「とにかくこれから，嫌なことや困ったことがあったら，オレに話せ。
恥ずかしいことでもなんでもない，みんなそうやってなんとか歯を食い
しばり知恵を得るのだから」

　その晩は，桜井先生からあまり積極的な話を切り出すことはありませ
んでしたが，主任の温かな心遣いを強く感じて，なんだかほっと明るい
気持ちになれたのでした。

今，桜井先生は，教師6年目を迎えています。あのあと，2年生を連続して担任しました。今は前年度の取り組みが今の学年指導にかなり役立っています。いや，あれから前年度の主任には何でも話すようになりました。主任の教室を訪ねて愚痴を言ったり，少しよくなった手ごたえを語ったりしました。それを聴いてもらうだけで，ずいぶん明日からの力になっていったのでした。

今年度からはまた新しい学年です。一昨年の屈辱的な自分の心境から言えば，かなり今年はらくな日々になっています。そして何よりも学年会で語らいの場が設定されていることで，お互いに悩みやちょっといい話を語らうことに喜びを感じているのです。

桜井先生は「山あり谷ありの中に歓びがある」ことを実感する日々を少しずつ送れるようになっていったのでした。

失敗こそ，宝だ

桜井先生の話をもう少し続けましょう。その後，7年目に新しい中学校に転任した桜井先生でした。その中学校は市内でもやや荒れた落ち着きのない学校として名をはせた学校です。「難しい学校へ異動になったものだ」と桜井先生は前途に不安を抱えていました。

初めての中学校担任は1年生でした。小学校から入学してきた子どもたちです。「生徒」と呼ばれるようになったものの，どこか幼い風貌も残っています。そして，どこか上級生の荒っぽい振る舞いに怯えているところもあります。

それになんと言っても中学校の授業は，分厚い教科書や資料集に加えて，教科ごとに先生が変わり，定期的なテストも中間，期末とあります。そんな環境の大幅な変化に生徒たちも戸惑いがちでした。やる気に満ち溢れた生徒のいる反面，登校をしぶったり，投げやりになっている

生徒もいます。桜井先生は，教科担任の先生から「君のところのC君は，まったく授業をしようとしないのだが，何か家庭の事情でも抱えているのか」と言われたり「教室の規律がまだあまり浸透していないのか，なんとも落ち着きがないなあ」と苦言を呈されたり……そんなことで，学級経営がおろそかになっている自分を反省するのでした。

しかし 桜井先生は，以前の小学2年生を初めて担任した頃の自分ではないのでした。毎週部活動が終わってから開かれる学年会にも積極的に自分の悩みやうまくいかないことを率直に語ることに恥ずかしい気持ちはありませんでした。何でも話し，何でも聴く姿勢を持っていたのです。

中学校は学年会が基軸になって，学級経営，教科経営が進められます。すでに3年後の高校受験をある程度意識しながら，「小学校と中学校のめざすところの違い」をインプットされます。「中学校生活とはこんなもんか」と桜井先生は思いながらも，わからないことや小学校との違いは，恥も外聞もなく尋ねて，なんとか「中学校の教師」になろうとしていたのです。

中には先輩から「そんなこともわからんのか」と揶揄されることもありましたが，桜井先生は「わからないことはわからない」のモットーで聴くことにしたり，自分の率直な疑問を投げかけたりしました。

時には「そうは言っても，やはりもう少し生徒が活躍する機会のある授業がしたいのです。教え込み中心の授業から脱却したいと思うんですが……」と意見を述べたりしました。そんな桜井先生の言葉に「やれるならやってみろよ」という先輩もいましたが，「それは大事なことだ」と応援してくれる先輩もいました。

社会科の授業を桜井先生は担当しています。教え込まなくてはならない知識や学びの中身に圧倒されながらも、「1時間の授業でなんとか1つは積極的に自分の考えを、素朴でいいから言おう」と子どもたちに呼びかけ、それを原則にして授業をしていったのでした。それは小学校的な授業だと言われそうでしたが、今の桜井先生は、それでもいいのだ、とにかく生徒の活躍する授業こそが彼らを鍛えることになると信じて取り組むのでした。そこには、たくさんの失敗もありましたし、思うようにいかないことも多々ありました。しかし、桜井先生は自分がグラグラしてはいけない、失敗も宝だと思いつつ、粘り強く継続する教師へと変身していったのでした。

　桜井先生は、生徒にも同じことを言いました。

　「みんな暗記科目だと社会科を思っているかもしれないが、みんなが知恵を出し合ってこその学びだよ。たくさん間違ったり失敗したりしながら、自分を鍛えていく授業こそ、この桜井がめざす授業の理想だ」と。

　桜井先生自身が、「この授業の仕方は自分のこれからの教師生活でゆるがせにできない授業のやり方として精進していきたい」と強く思うのでした。

（2）　仲間の中で生きる吾になる

自分のみで生きようとせず、仲間の中で磨く

生きるということは、孤独な営みでしょうか。決してそうあってはならないことだと私は思います。大勢の他人様の中に身を置くことをよしとして、互いの弱さを共有しながら、トツトツと生きるのが人間です。人間には、仲間があるのですが、その仲間と利害関係があることも多々あることでしょう。しかし、それが普通であり、社会

とはそんなもんだと思うのです。

　今の学校教育の基本的な在り方は，どうかすると知識の切り売り的な場でしかないなあという実感があります。だから，世の中での生き方を学ぶ場にはなっていません。教室は，ただ点数で勝負するという荒っぽい空間であり，学校はそんな教室の集合としてなりふり構わず動いているのです。

仲田　先生は，中堅の40代の教師です。彼には思うところがありました。へそ曲がり的な生き方かもしれないと他から指摘されていても，それは眼中にはなく，自分のめざす道を歩むことに躊躇はありませんでした。共感する外部の理科教育の研修団体に身を置き，自分のいる職場とは適当な距離を置きながら，日々過ごしています。

　彼は社会科教育実践の中で話題になっている「問題解決学習」とか「探究学習」的なやり方を自分の関心のある理科教育でなんとか，実践的に勝負したいなと思っているのです。ただそんな彼を変人として見ている校内の雰囲気も彼は敏感に感じているのでした。ですから，自分のめざすことについて，校内の同僚と語らうこともありませんでした。週末には年休をとって，東京の団体の研修会に参加することが，今の彼には生きがいになっているのでした。

そんな　こんなの日々の中で，新しい年度が始まり，校長も異動で若手の鈴村校長が赴任してきたのです。鈴村校長は彼を厄介者扱いすることを初めからしませんでした。むしろ彼が理科の外部の団体に参加していることや「問題解決学習」「探究学習」に理科的な側面からアプローチしていることを応援する言葉がけをしてくれる校長でした。彼にとっては，今までの校長とは異質な感じがしました。鈴村校長は彼を時々校長室に呼んでは，「理科教育の中で君が問題解決学習に

取り組むことは，ぜひとも中途半端にしないで，研鑽してほしい」と発破をかけるほどでした。

　それは何度も言うのですが，彼が今まで出会った校長とは違ったのです。「仲田君，そんな外部の団体に属してやっていると変人とみなされて，出世に影響するぞ」と口汚く言う校長の多い中で，鈴村校長は彼の応援に回ってくれているのでした。

　仲田先生は，それでも校内の仲間とはあまり語らうこともなく，日常的なたんたんとした付き合いに終始しているのでした。ただ今までの職場とは違って，校長とは話がつうじる手ごたえがあり，なんとなく，学校での生活を孤立せずに送れるようになってきているのでした。

　「仲田先生は校長と馬が合うようだ」という空気が職場の他の仲間にも敏感に伝わっていきました。それが1つのきっかけになり，仲田先生は次第に職場の中で，自分の実践を語らうことが少しずつですが出てきたのです。それは彼の一介の教師としての生き方が変身する前兆でした。今まで職場の誰からも変人扱いされていた雰囲気が変わる瞬間でもあったのでした。「仲間の中で磨く自分になる」ことが，仲田先生の生き方に反映されるようになってきたのは，それから間もなくのことでした。

　悪戦苦闘をしながらも，教師自身が希望を持つことに尽きることをしみじみ仲田先生は，感じるこの頃でした。

聴く耳を持つこと。それに尽きる

倉田先生は，30代後半の男性教師です。彼は教師になってから，ずっと小学校勤務が続いています。小学校の教員免許の他に，倉田先生は算数・数学の教科免許を持っているのですから，これまでも何度も市教委から「中学校への転勤」を促されてきました。しかし，それは彼の眼中にはないことでした。

中学校に異動することに，倉田先生には抵抗感があったのです。それは高校入試に翻弄される現場が見えていたからです。もちろんそれは多分に中学校教育からの逃避であり，1つの敗北であるとは自分でもわかっていました。生徒にとって難儀で抵抗感の強い中学校教育の数学科で勝負することも，1つのやりがいかもしれません。しかし，今の倉田先生には，算数・数学の授業への興味関心よりも，「子どもたちと語らうこと，子どもたちの話を聴いて，子どもたちの夢を膨らませていく教師としての生き方」に強く関心を持っているのでした。

　算数に強い子どもを育てることにも，そんなには関心を持っていなかったのです。それよりも「子どもたちの夢や希望を聴く，悩みや苦労話を聴く，怒れたこと悲しかったことを聴く」ことで，子どもたちがどこかスカッとして立ち上がるのを応援することに関心を持っていたのでした。

「聴く」 という字は，「耳と目と心でできている」これは，倉田先生の子どもの頃に出会ったある教師との思い出の中にありました。倉田少年が小学生の頃，その担任教師だった石田先生は，実によく話を聴いてくれたのです。石田先生に説教めいた話を押し付けられた思い出は一度もありません。石田先生はひたすら子どもたちの話を「喜んで聴く」「うなずいて聴く」「興味深く聴く」ことに長けていたのです。

　そんなこともあって，倉田少年は石田先生と語らう機会が待ち遠しく，いつも待っていました。休み時間だけではありません。長期の休みに学校へふらっと行くと，必ず石田先生は誰もいない教室で何やらごそごそしているのです。そんな時倉田少年は胸がわくわくする気持ちで教室の石田先生に手を振り，教室に駆け込んだのです。

　「きょうは何か用事があったのか？」と石田先生。

　「いやなんにも……先生がいるかなあと思って来た」たったそれだけのことを言って，石田先生の仕事をしている傍に座り，見ています。

「夏休みはどうだ。退屈なのかな」の声に、「この頃家の近くの小川に行くんですよ。そこで小魚を獲っては家の金魚鉢で飼っているのです」。

「でもさあ、それって、この頃思うけれど、魚にいけないことをしているのかなと思って……川に返してやろうかなと思っているんです」

倉田少年はほんとうにそう思っているのでした。

「そうか、返してやるのか。なるほどねえ」石田先生は倉田少年の考えに共感的なポーズをとりながら、仕事の手を休め聴き入ってくれるのです。その瞬間が倉田少年には、たまらなくうれしく、語らい甲斐のある時間だったのです。

倉田先生は、あの話を聴いてくれた石田先生のような教師になりたいと常々思っているのでした。

「何も教えなくてもいい、子どもたちの思いを聴く中で、彼らの関心のあることに、耳を傾けるだけでいい」と。それが子どもたちの生き方を磨き見つめ直す機会になればいいと。「教師は何も教えなくてもいいのだ、ただ子どもたちの興味関心やこだわりに対して『聴く振る舞いをすること』だけでいいのだ。子どもたちの興味関心やこだわりが子どもの内部で発酵していく時、子どもたちは自己変革を内省的にしていくのだ」と思えてきたのです。

それは倉田先生の子どもの頃の思い出からの確信でした。

きょうも倉田先生は、真面目に授業をしています。それはしかし倉田先生の余技でした。休み時間、給食の時間、掃除の時間、帰りの会のあとに集まってくる子どもたちとの語らいこそ本業でした。

子どもたちの話を「聴く」ことが「子どもたちの成長につながる」ことを自分の体験と重ね、「教師は教えることばかりが能ではない」としみじみ思うのでした。

許さない自分であるより，許す自分であれ

斎藤 先生はもう 50 代になった女性のベテラン教師です。斎藤先生は思うのです。教師になって以来 30 年，なんと自分には教師としてのセンスも資質もないことかと嘆息するのでした。毎年新しい学級を担任しても，なかなか思うように学級づくりができません。いつも後追いのような手の打ち方で，あれやこれやと始末に明け暮れる日々でした。

保護者からの信頼も薄く，「できることなら，斎藤先生には受け持ってほしくない」というのが，30 代になっても続きました。それでもその頃の保護者はそんなことを斎藤先生には直接言うことはありませんでした。「今年もよろしくお願いします」と頭を下げて辞する保護者を前に，斎藤先生自身が「自分は許されて教師をやっているのかもしれない」と自問自答するのでした。

ある日， 担任していた子どもの中で，2 人の男の子が近くの駄菓子屋で万引きをしたのです。それは，駄菓子屋のおばさんが，学校へ電話してきたことでわかりました。

「そんなに大したものではないけれど，やっぱり店の物を黙って盗るのはよくないので……まあ別に弁償をしてほしいとは思わないけれど先生からよく言って聴かせてあげてほしいと思ってな，まあ電話ですんませんが，させてもらったことでしゃ」

おばさんは，怒っている様子を感じさせないまでも，ちゃんと指導してほしいことを念押ししながら，電話を切りました。

斎藤先生は電話を置いて「どうしたものか」と案じました。親を呼んで……子どもも呼んで……生徒指導の先生から「指導」してもらおうか，それとも自分の学級の子どものことだから，自分で対処しようかと迷っているのでした。

　そして，ハッと思ったことは「とにかくおばさんに直接会って詫びを
しなくてはならない。その時に2人の子どもも一緒に連れていこう」と
いうことでした。いつも対応にウロウロしている斎藤先生にしてはかな
り手際よい決断でした。

　斎藤先生は2人の子どもを連れて，駄菓子屋のおばさんを訪ねまし
た。そして「先ほどはほんとうにありがとうございました。私
の日頃の指導が行き届かないために子どもたちがおばさんのお店でやっ
てはいけないことをやってしまって……」斎藤先生はおばさんの店の床
に跪いて深く深く詫びたのでした。

　「先生，そんなことしてくださらんでもいいのじゃが……」
　「いえ，私の指導不足ですので……この子たちのやったことを見逃す
ことはしてほしくないのです。どうかお許しを」と何度も何度も詫びた
のでした。

　少年2人も驚いたように，先生の隣に跪いて頭を深く深く下げました。
斎藤先生は盗ってしまった物の代金を支払って，それからも何度も何度
もお詫びしてその店を辞したのでした。2人の少年は，「先生ごめんな
さい，先生ごめんなさい」と泣きながら斎藤先生の後ろからついていき
ました。

　学校に戻ると校長室に2人の子どもを連れていき，校長先生や学年
主任の先生に事のあらましを話しました。「こんなことをさせてしまっ
たのは私の不始末です。この子たちは出来心でやったと思います。どう
かお許しください」と頭を深く下げたのでした。

　斎藤先生は，それまで教師のなすべきこととして，子どもを攻めて
叱りつけることを単純にやってきましたが，なんだか今回のケー
スは2人の少年の家庭環境を考えると無闇に叱ることもできない心

境になっていました。そして「許す自分」に不思議な気分にもなっているのでした。

　2人の少年は，教室に戻っても，「先生ごめんなさい，先生ごめんなさい」と泣きじゃくっています。「いいのよ，これからあなたたちがそんなことをしないということが先生にも伝わってきたわ。だからきょうはもう家に帰りなさい」と諭しました。

　2人の子どもは，家に戻ってすぐにお母さんに話したのでしょうか。2人の母親がすぐに学校に来て「先生ごめんなさい。うちの子たちが大変な悪さをして……ほんとうにごめんなさい」「先ほどお店にも行ってきました」と親たちも泣いていました。

　斎藤先生は「いいのよ，誰にも魔が差すことがあるのですよね。きょうのことを1つの学びとして，これから生きて行ってくれるなら，私はこの子たちを大事に大事に応援したいなと思っているのですよ」とお母さんたちの腕を握り返しながら笑顔で語ったのでした。

この　事件は，斎藤先生にとって大きな学びになりました。「子どもたちを許さないで叱る懲らしめることはカンタンなことかもしれない」「しかし，それでは2人の少年はこんなにも後悔し懺悔をしなかっただろう」と。

　それからの斎藤先生は教師として「子どものやったことを何でも許さない自分であるよりも，許す自分でありたい。反省すべきは自分自身であるのだ」と心に深く刻んだのでした。

（3）　過去よりも未来よりも「今を大切に」

荒れた学校の惨状に苦慮する日々

今， 私は自分のことを少し回顧しながら，書こうとしています。

　私は 40 代になった頃，学校現場から離れて教育委員会の指導主事としての立場に身を置くことになりました。そこでの自分の担当部署は，生徒指導と教科領域別指導訪問になったのです。教科領域別指導訪問については，ある程度自分のこれまでの実践研究が役立つやりがいのある立場であると思っていましたが，生徒指導については皆目見当もつかないことでした。

当時 市内の中学校はどこの学校も生徒の荒れに苦しんでいました。昭和 50 年代後半から平成の初頭に至るまでの時期のことです。学級崩壊，校内暴力，対教師暴力それに薬物使用による生徒の荒れは蔓延化していたのです。

　それぞれの学校には生徒指導主事なる立場の教師がいます。その教師たちも辛い立場に身を置き，私に相談したり報告したりしながら，少しでも校内の安定のために尽力していましたが，思うような成果はありませんでした。それぞれの場での対応で精いっぱいの惨状であったのです。

私自身 の立場で言えば，長らく公立の現場から離れ，愛知教育大学附属岡崎小学校の現場で，ひたすら「生活教育の探究」に明け暮れ，子どもに寄り添い，問題解決学習の実践的な授業に没頭していました。そんなことから一変して，「生徒指導での荒れ対応」へのシフト変更は，まったく自分の力量の限界を超えていたのです。

　20 校ある市内の中学校での生徒指導の問題に対応する助言も指導もまったくできない情けない指導主事であったのでした。各校の生徒指導主事から日々報告のある事件や事故，薬物使用による生徒たちの暴力行為などは，まったく私の手には負えないことであったのです。

　私は正直，何も指導できない自分に，精神状態に異常をきたすほど参

っていました。不眠症になり，自律神経失調症に苦しむ羽目になっていったのです。心拍数が上がり，食欲も失せて，日々が大げさに言えば地獄の試練であったでしょうか。私自身が，よき解決方法を助言できればよかったのですが，まったく手が出せず，ただ各校の生徒指導主事の惨状を聴くのみで日々が過ぎていきました。

　精神的な圧迫感に悩まされながら，打つ手の見えないまま進む事態の深刻化に，呆然自失の状況であったと言えば，大げさでしょうか。それでも警察の少年課や県の教育事務所の担当主事に助言を得ながら，なんとか凌ぐしか方法は浮かびませんでした。少なくとも2年間の指導主事在籍時には，そんなことに忙殺されて身も心もヘトヘトになっていたことでした。

明日を思う不安が自分を萎縮させる

何も 妙案のない自分でした。いろんな学校の惨状を聴くにつけて，「どうしようか」「これから，どうしたらいいのか」と考える余裕すらなく，家に戻っても眠れない日々が続きました。

　どうにもならない現状にこれからどうなっていくのか，どうしたらいいのかと頭の中でグルグルと回る不安症のような症状に苦しむ日々であったのです。

そんな 時に出会ったのがディール・カーネギーの言葉でした。「過去のことを悔やむな，未来のことに不安を持つな，ただ今目の前にあることに誠実に対応することが大事だ」という言葉でした。

　これから先どうしようどうしようと思えば思うほど焦り，不安感は増していきます。そんな自分にカーネギーの言葉は染み込みました。過去の不甲斐なさに悩むな，明日のことを心配するな，今に誠実に対応しな

さい。それしかできない自分であっていいのです，という金言は，精神を病む自分には何とも「ほっとさせてくれる言葉」でした。

　明日のことなど，何も心配することはない，過去の失敗や不始末も気にかける必要はない，ただ今目の前にあることに誠実に対応する自分であれ，というこの言葉が，私にはどんな妙薬よりも心をらくにする「希望の言葉」になっていったのでした。

それからの私は，各学校の生徒指導主事の報告に関する悩みや苦しみを聴くにつけても，「ほんとうにお疲れさまです。あなたのやっていることには頭が下がります」「生徒のやったことに，厳しく対応してくださるあなたのやり方は大切なことです。それを生徒の将来を思って，心してこうやって，報告してくださることで，やがて彼らの中に生きる糧が見つかることを願っています」と応じました。

　「今このこと」を極力大切にする私の演じ方が，生徒指導主事の癒しになってくれればと願っての対応だったのです。

小心者の自分でいい，ひたすら誠実に

私は何も解決に至る武器等を持ち合わせていません。ただ誠実に各学校の辛い苦しみに耳を傾け労をねぎらうことしか何もできないが，それでもいいのだと思い，やっと落ち着くことが少しずつ少しずつできるようになりました。報告を聴きながら「私にはあなたの行われた対応の仕方以上のことは考えられません。ほんとうにごくろうさまです」と申し上げました。

　それは私の正直な気持ちであり，相手の思いを大切にしての振る舞いでした。自分ではそれ以上のことを何もできないことを率直に認める自分でした。小心者の自分が，「指導助言」などとはおこがましい限りで，

助言などすればかえってその生徒指導主事の思いとはかけ離れたところへ行ってしまうと思いました。

今目の前に起きている惨事に対して精いっぱい対応しているその学校の生徒指導主事の報告は、「ごくろうさま」「ほんとうに大変ですが，先生の誠実な対応で彼らが目を覚ます日の近いことを願っています」ということでしか，応じることはできない自分であったのです。

本来は「指導助言をする立場」にある私でしたが，実際指導主事になった当初は「何か適切な指導助言をしなくてはならない」と焦るばかりでした。

しかし，カーネギーの言葉に出会ってからは違いました。カーネギーの言葉に私なりの思いを込めて，それぞれの学校の労をねぎらうことが，何よりも大切なことだと思えるようになってきたのです。

帰りがけに生徒指導主事の「なんだかお話しして，明日からの自分の仕事が見えてきたように思います。自分たちのやっていることを誠実に受け止めてくださって，ありがとうございました」と深々と頭を下げて帰っていく後ろ姿に，私は手を合わせているのでした。

急がなくてもいい，ゆっくりでいい

それからの私は，「指導助言から一切身を引く」ことを念頭に，「ただ聴く」「労をねぎらう」「誠実な対応に感謝する」「打算的によかれと思うことから決別する」ことに徹した日々でした。

誰が対応したにしても，その時の私は無理難題を学校に押し付けることでしかないことを短い体験の中で感じ取っていました。とにかく「急がなくてもいい，ゆっくりでいい」と自分に言い聞かせました。時には20校の生徒指導主事が一堂に会し，互いの悩みや愚痴を語り合い，無

駄とも思える雑談をする場を設定しました。そして，明日からの対応に
少しでも健康な心で受容的に受け止める余裕のある生徒指導主事になっ
てほしいと願うのでした。

2年間　の指導主事時代を振り返る時，学校現場の荒れ狂う嵐の中
にかかわらせてもらえたことに今は感謝しています。当初
は，悩みと苦しみで狂乱的な心境になって精神を病み，辛い日々の連続
でありました。

　「何の助言も解決の糸口も示すことのできないほどの大変な状況を，
みなさんは直接対応してくださっているのです。私はそれだけでも尊い
仕事であると思うばかりです。どうか，それぞれの生徒指導主事の先生
方が体調を崩すことなく，なるようにしかならない自分で十分ですので，
焦らずに職務に向かっていってください」と慰めとも感謝とも言えない
ことを言うのが，精いっぱいでした。

　「どうか焦らずにゆっくり歩いてください」「誰がやってもあなたがた
以上の対応はできません」「私は何も的確なアドバイスを持ち合わせて
いません。誰がやってもできないことばかりです」

　そんな言葉を雑談会の折々に語りました。それで彼らの心を癒すこと
ができるとは思いませんでしたが，そう言うほかない私でした。

　たった2年間でしたが，私の38年間の教師生活の中でも格別重い時
間を共有した日々であったと思うのです。

2 子どものやる気を引き出す
学びの知恵とワザ

(1) 「学びの方法」の共有化

「見つけ学習」で問題探究力を育てる

学ぶ ということは，「知識を蓄えること」ではありません。そんなことは，今さら言うまでもないことでしょう。

　戦後の日本では社会科教育を中心にして，自分の身近な問題に切実感を持って迫る問題解決学習が真剣に実践されてきました。「社会科の初志をつらぬく会」をはじめ多くの実践者たちが悪戦苦闘しながらも「自らの切実な問題」をああでもないこうでもないと試行錯誤しながら，実践し，世に問うてきました。

　私もその趣旨を理解し，「子どもたちが自らの問題意識の中で，学習対象に迫っていく」授業実践の模索に明け暮れた日々が懐かしく思い出されます。ただそんな中でぶつかる壁は，「子どもたちが切実感を持って」「学習対象に迫る」ことの難しさと，そこに至るまでに膨大な授業時間を費やすことへの危惧でした。

　教師の個人的なエゴとも思える授業実践に，「それでほんとうにいいのか」という反問が自分の中にふつふつと湧いてきたのです。実践をしている自分自身が後ろめたさを感じたことが多々ありました。

私自身 が教頭職になった時，普通の公立の学校が日常的に行うことのできる「探究的な学習」はできないものかと暗中模索の日々が続きました。それは私自身が所属している職場の中で，普通の教師でも行うことのできる探究的な学習，問題解決的な学習です。

多く の問題解決学習が，「なぜ……」「どうして……」という問いを発し，それを子ども自身が切実感を持って追究していく……その手法は言うほど，簡単なことではないのです。

　「なぜ？」と問うても，その前には絶壁のような高いハードルが立ちふさがり，子どもたちは，あきらめとも絶望とも思える心境になって，追究を放棄することがしばしば起きるのです。

　有田和正先生は，「はてな？」を提唱されました。しかし，「はてな？」もやはり「なぜ？」と同じく多くの子どもたちには，手に負えない壁になって立ちふさがっていたのです。「なぜ？」が解決の壁を高くして，子どもたちは壁を突き破ることに疲れ果てたのです。

私は， そんな中で，①子どもが学習対象の中に，「すごいな！」「心に強くひびいたこと」を見つけ，②それについてどう思うかを子どもが感想を持ち，子どもなりに解釈して，③それを子どもたちが意見交換し，互いの思いを語り合う授業を試みたのです。

　まずは，子どもたちが自分自身の驚きや嘆き哀しみなどを学習対象に持つことで学習対象に主体的に迫る「見つけ学習」という学習法を実践したのでした。学習対象から「すごいな！」「心に強くひびいたこと」を見つけ，それについて，自分はどう思うかを追究することで，「学習」が成立するのではないかと考えたのです。

　その手法は，国語でも社会科でも理科でも，どの教科でも同じです。学びの対象に対して見つけた「すごいな！」「心に強くひびいたこと」

をきっかけにして，「どんなふうにすごいと思うか」「何が心に強くひびいたか」を互いに意見交換する中で学習対象に迫るというやり方です。

「見つけ学習」
は，「問題発見学習」的なレベルで留まっているとも言えます。しかし，子どもたちがまずは学習対象から「見つける」ことを提唱することによって，その子どもなりの思いを持って学習することができるのではないかと，今の段階では考えています。

　まだまだ実践的に深めていくべき要素がありますが，少なくとも「はてな？」「なぜ？」「どうして？」の学習法からは，一定の離脱ができたのではないでしょうか。子どもたちにとって，そんなに大きく高い壁にはなっていない学習法として，ある程度の見通しがたってきたように思います。

　事実や事象の中から「見つける」そしてそれについて「どう思うか」を考えること，それを繰り返していくことで，探究的な学びができていくのではないかと私なりに子どもたちの取り組みに寄り添いながら感じることの多い日々です。

話し合い・聴き合いのルール化を図る

「見
つけて」「どう思うか」を繰り返しながら，その連鎖の中に，「学びの発見があったり学びの深化があったりする」というのが，私のこれまでのこの学習法での経験的な実感です。その学習法は，1人でも十分可能な学習法ですが，その一方で教室という空間の中で，仲間と学び合うことで，より多面的で質的に多彩な広がりを持った学習法になっていくように感じています。

　教室という集団学習の中で，「見つけ学習」は「話し合い・聴き合い」

によって，深められ広がりを持っていくことでしょう。

ここ　でのねらいは，集団でいる子どもたちが「学び合う」ことです。
　　　まさに「話し合い・聴き合う」中で実現していきます。具体的
にはコミュニケーションの取り方を共有化することによって，それは深
化拡充していくのです。私は子どもたちが，「学び合う」ことを深化拡
充していくための話し合い・聴き合いのルール化を模索してきました。
　それは子どもたちが「対立抗争的な学びのルール化」をするのではな
く，「協調的・多面的な思考」を実現するコミュニケーションの在り方
を確立することです。

その　ためには，まずは自分の考え（発見）の正確な表出のし方を体
　　　得するよう，指導していくことです。
　「聴いてください。ぼくは，そのことについては，……のように思う
のですね」
といった，たったそれだけの言語による表出を，子どもたちが普段着の
コミュニケーションの中で心置きなくできるようになることです。
　そして，それを聴いた他の子どもたちが，「ぼくも○○君に似ていて
（つけたしで）……のように考えます」とか「私は○○さんとはちょっ
と違って……ではないかと思うのですね」と重ねていきます。
　それはある時は多重的に尋ねていくことであり，ある時は多面的に角
度を変えて考えていくことでもあります。事実や事象についての思いを
語り合う中で，広がりや深まりが生まれてくるのです。

そして　わからないことは，「○○さんの言っていることが，いま
　　　　いちよくわからないので，もう一度お願いします」「ちょ
っとお尋ねしたいことがあるのですが，いいですか」と，意味不明な点

を明らかにしたり，角度を変えた切り込み方をしていきます。それをしていく中で，だんだんその授業の中で一番問題にしていきたいことが，浮かび上がってくるのです。

　私は，それを教師の立場から言えば「その授業の山場」，子どもの立場から言えば「その授業でのがんばりどころ」と表現しています。子どもたち自身が「がんばりどころ」を意識化して試行錯誤しながら，追究を深めていくのです。

「がんばりどころ」で歯を食いしばる

「がんばり
どころ」は，教師があらかじめ想定していたことである必要はまったくありません。子どもたちが「見つけたことについての思いを語り合う」中で，浮かび上がってきた「こだわり」が「がんばりどころ」です。ある時は，子ども同士の考えが齟齬するような状況です。またある時は，考えを吟味していく中で，「わからなさ」が生じてくることによって，改めて立ち止まって考えるような状況です。

　それはたかだか10分や20分では解決に至らないほどの難問になることもしばしばです。それはまたそれでいいのです。すぐに解決するほどのことでは，「がんばりどころ」とは言えません。しかし，多くの場合，「がんばりどころ」を見つけたこと自体に大きな意義があります。問題解決的な学習，探究学習的な追究を子どもたちが「味わう」ことは，山の峰をめざして登山口を探す行為に似ているのです。たとえ解決に至らなくても，それはまさに探究的で問題解決的な境地を味わうことになるのです。

社会
科の授業で縄文時代を学んだあとに，弥生時代の想像図を見た子どもたちは，弥生時代に栽培活動が行われるようになってき

たこと，蓄える建物（倉庫らしきもの）ができてきたことを確認していく中で，「縄文時代はその日暮らしのような狩猟生活で厳しかったけれど，弥生時代は落ち着いた生活ができるようになってきた」という考え方に落ち着くかに見えました。

ところが ある子どもから「塀をつくって見張りがいるのが気になる」「ほかの種族から攻撃されるようなことがあったのだろうか」という考えが出されてきた時，ある子どもが「縄文時代の方がのびのびしていて，争いごとが起きるようなことはなかったと思うので，どちらが暮らしやすかったかはカンタンに言えない」と言い出しました。

　それは教室に大きな波紋となって広がっていったのです。教師はその動きに新鮮な感動を覚えながら，「これはみんなで考えてみたいことだね」と取り上げてその授業の「がんばりどころ」にしていったのでした。

　それは決して即断できるような問題ではありませんし，即断することが「カンタンにできる」のでは，「がんばりどころ」の問題にふさわしくないのです。「どちらが暮らしやすかったか」をめぐっての子どもたちの考えの交流は，「立ち止まって考える」ことのすごさを味わわせました。そして，鮮明な角度のある思考を促していったのでした。家に戻り父親に問いかける子，パソコンで検索して自分の根拠になる事実を見つける子，図書館を訪ねて書籍を閲覧する子など，多彩な展開を見せていったのです。

　大切なことは，「解決」することにあるのではありません。多面的で広がりのある思考活動を促していくことに意義があるのです。

そんな 「がんばりどころ」の学びは，社会科だけではなく，理科や国語などの実験や文章解釈をめぐっても広がりと深ま

りを見せていくことになります。「がんばりどころ」の体験的な学びは，その授業の中だけの問題ではありません。子どもたちが思考することの面白さを知り，それが「自己深化」を促していくきっかけになっていくことを，私は心から願っているのです。

次時につながる授業の終わり方

授業 は，小学校では 45 分，中学校では 50 分です。その中で，「がんばりどころの発展（深化拡充）」には，時間的に限りがあります。しかし，限りがあることを心配するほど子どもたちのがんばりが見られたら，その授業は大きな「学び」のあった授業であると思うべきです。それは「授業の終わり方」にもかかわってきます。

授業終了を目前にして，その授業の学びをどう終えるのか。終え方には，1 単位時間の授業を集約して終える場合と，明日への広がりを持って終える場合があります。もちろん，明日への広がりを持って終えることができるのは，大きな学びのあった授業です。

とにかく その授業での学びが心地よい疲労感をもたらしたならば，これに勝る成果はありません。それぞれの子どもたちががんばりどころを終えた今，心に思うことを熱いうちに書き記し，「学ぶことの歓び，学ぶことの難しさ，学ぶことのおもしろさ」などを体験していくことができたならば，その授業は単に明日につながる授業にとどまりません。難しいことに心を砕く体験が，それぞれの子どもの成長の糧になっていくのです。

そのためにも，教師は子どもの学びの感想を読み解き，その子どもの成長を決して見逃すことなく応援する教師になるために精進したいものです。

（2）　聴く力があってこそ，明日につながる

授業は発表会ではない

「**授業**は発表会ではない」ことは，どの教師も当たり前のこととして受け止めます。しかし，現実はどうなのでしょうか。授業者である教師の中には，「さあ，それではみんなの考えを発表してください」と平気で言っている光景を見ることもしばしばです。

　私は発表会のような授業のことを「うんこをする授業」と評しています。うんこをすることも大事なことですが，「出すだけ」で終らせてしまっている授業には，やはり疑問が残ります。

　「全員発言する」とか「班の間で発言競争をする」ことを仕掛けている教師もいます。班長さんが，班内の仲間が発言するたびにチェックをして記録します。それを学級会などで競争して行うのです。確かに発言競争は，子どもたちに自分の考えを出し合う機会を意図的に与えることになり，授業に一見積極的に「参加」しているように見えます。

　しかし，それを呼吸にたとえるならば，「吐く息（発言）」に重きを置いて「吸う息（聴く）」を忘れている状態とも言えます。吐いてばかりでは，意識は途切れます。「発言すること」は，自己表出であり，とても大切なことですが，あまりに偏り過ぎると，これはまたこれで大きな問題になります。

　私たちは改めて授業は「発表会ではない」「発表会にしてはならない」と戒めたいなと思います。

アイコンタクトして聴き合う

「聴く」 という営みは「発言する」ことに比べて地味な取り組みです。発言は声に出して言うだけに，鮮やかで積極的な授業参加になります。しかし，私たちは「聴く」ことにこそ「学び」があると思うのです。

「そうか，そんな考え方もあったのか」

「なるほど，そういう見方もあるのだなあ」

と「吸収する行為」こそが，自分の考え方を吟味して，新たな高みに自分の考えを引き上げてくれるのです。

私は 「アイコンタクト」をずっとずっと以前から意識してきました。授業の光景の中で，子どもたちが語り合い聴き合う時に，「アイコンタクトだよ」と，話し手を見て聴くことを子どもたちと約束し，実践してきました。話し手の顔を見て語らう中で自らの考えとの比較検証を行い，自分の考えに新たな視点を加えて見直すことにつながるのです。「聴いて学ぶ」ことの基本的な意義がそこにはあります。

子どもたちが一斉に前を向いて教師と対面しての授業では，子ども間のアイコンタクトはやりにくいので，座席を「コの字型」にして，できるだけ子どもたちが face to face になるようにするのです。

話し手も教師の方を向いて話しがちになりますが，コの字型にすることで意識して子ども同士が互いにアイコンタクトをしての「学び合い」になります。

それはペア学習でもグループ学習でも同じことが言えます。アイコンタクトをしての話し合い・聴き合いを日常的に行うことで，広く多面的な学びを保障するようになっていくのです。

教師 は「聴き上手な子ども」を見逃してはなりません。聴き上手な子どもは地味な存在でもあります。それだけに，「聴き上手な

子ども」を育てるには，教師の力量が問われます。すべてのアイコンタクトによる授業は，子どもたちに「学び合う楽しさ」を与え，考えを高めていく授業法（学習法）です。

　そして，授業中に「きょうのこの授業で何をどう学んだか」を書かせていく時に「聴いて学ぶ」ことの意義が如実に表れてきます。ハードルは地味ながら高いので，挑戦する値打ちのある実践になります。

仲間の中で学ぶ歓び

「**仲間**の中で学ぶ歓び」は，思うほど派手な行為ではありません。むしろ地味な行為であるのです。それだけに教師が率先して「仲間の中で学ぶ」ことを高く評価することができるかどうかにかかっています。教師の目線はどうしても挙手している子どもに向かい，積極的に発言して自分の考えを表出する子どもを高く評価しがちです。もちろん私はそれをやってはならないとは思いません。自分の考えを恐る恐るであっても言うことのできる子どもは，すでに「学びの輪の中」に入っていると言えます。ただそれは，多くの教師が日常的な取り組みとして行っていることです。

　問題は，教師が「仲間の中で学ぶ」ことを，派手さがないため「やや受け身的なイメージ」でとらえがちなことです。

　仲間の考えに耳を傾けていた子どもが，それを受けて「今○○さんの考えを聴き，私はとてもなるほどと思えてきました。○○さんの考えについて考えていたら，私も△△のような考えが浮かんできたのですがどうでしょうか」と，新たな感想と同時に意見を言うことができるような光景は秀逸です。

　それは授業のレベルとしては，「話し合い・聴き合い」が，確かな形

で行われていると言えましょう。数学の図形の授業で1本の補助線を見つけて，それを提示した時に，

「ああ，すごい！」

「なるほど，そうだったのか」

「それならば，こういう補助線の引き方もあるはずでしょうから，〇〇さんの考えに賛成です」

と教室中に新たな空気が流れていく瞬間は，身震いするような感動を教師にも子どもたちにももたらします。

「共感的でただならない空気の中のざわめき」が教室中に広がっていきます。まさに「仲間の中で学ぶことのすごさ」を教室のみんなで体感する瞬間です。

（3）　子どもの持ち味を引き出すワザ

自分の考えを見つめる方法を教える

授業 中に，新たな局面に立ち至った時，機会を逃さず，「今のみんなの考えを聴いていて，自分は今どう思うか，何を考えたか，『たぶん，きっと……だ』のような予想でいいからノートに書いてごらん」と問いかけることができたなら，その問いかけは，私は意義ある「教師の出」であると断言します。それは，教師の敏感な営為としての授業の中での「立ち止まり」なのです。

その立ち止まりは子どもたちには，かなりハードルの高い試練かもしれません。しかし，それに切り込むことでしか，子どもたちを高みに引き上げていくことはできないと思うのです。

ベル　タイマーで時間を設定すると同時に，教師の机間巡視が適切に行われることを期待します。それは，あらかじめ教師の予定（予想）していた考えを引き出すだけではなく，教師の予想していた考えを乗り越えて別の角度から考えている子どもを，発見できるかもしれないからです。

　子どもたちは四苦八苦するでしょう。そこで「すごいよ，がんばっているね！」「なるほど，そう考えたか」という教師のつぶやきが，子どもたちの積極的な学びを支援していきます。

　学級の子どもたちの中には混乱してしまう子どももあるでしょう。

「いいんだよ，それでいいのだ」

「焦らなくてもいいから，そのまま自分の考えを書いてみて」

などと子どもを支えます。

　その取り組みは派手さはないけれど，子どもたちの学びの深化につながっていくはずです。ベルタイマーが鳴り終わったあとの，「がんばっている子がたくさんいて先生はうれしいなあ。なんかわくわくしてきた！」の一言が，身震いするような触感を子どもたちにもたらします。

　そんな授業展開を思い出すだけで，私は教師の仕事の大きなワザを痛感するのです。「自分の考えを見つめる方法の体験的な学習法」を1つ子どもたちと共有することができるのです。

1つずつ，また1つずつ

授業　実践において，大切なことは，「学びのワザと知恵をどうしたら子どもたちに体得させることができるか」ということです。

　年度初めの学級びらきは，多くの教師にとって緊張感に満ちた船出です。

　今多くの学校では，担任教師の個性的な授業法は，やや受け入れがた

く思われているようです。学校は，学年が進むにつれて担任教師も代わっていきます。その時，教師によって，授業での学習規律や進め方にあまりに違いがあると，子どもたちは戸惑うからです。

「前の先生のやり方とは違うからやりにくい」

「前の先生のやり方に慣れているから，少し授業がわかりにくい」

などという声がぼそぼそと子どもたちの中から出だすと，授業実践につまずきが起きて，その教師への不満が噴き出すことも多々あります。

そんな ことから，その学校の教師たちによって，「授業での学びのスタンダード」を意識して構築しようとする傾向が，今日的な動きとして出てきているように私は感じています。

私自身も「学びのスタンダード」は，若い教師が多くなった今日の現場においては，とても重要なテーマであると考えています。授業での始めと終わりの挨拶一つとっても教師によって意識の差が大きいと子どもたちが混乱するもとになります。ましてや授業でのやり方に大きな差異があると子どもたちには大きなストレスになって，授業者である教師への不信感がつのっていくこともあります。

理想的には，「子どもたちの学習法が，教師の授業法とほぼ一致していること」が，子どもたちの成長につながっていくと思うのです。

発言 する時に挙手します。その時に「はい，はい」と声を出しての挙手法は，子どもたちを自己中心的な考えに落とし込むことがあります。「ぼくに当ててよ！」「私に！」と……なぜかイライラ感を子どもたちはつのらせ，意地になって張り合う状況を生み出すのです。

そんなことから，「黙って静かに挙手するようにしましょう」という決め事をすると，それだけで教室の雰囲気を変えていきます。先を争って挙手して「ぼくに当ててよ！」と興奮状態になりがちな子どもたちを

落ち着いた学習空間に導きます。

　ノートに自分の考えを書く場合にも，

「箇条書きで十分だよ」

「一番強く思ったことには，赤で二重線を引いておくと，わかりやすいよね」

ということも学習法の1つで，必ず子どもたちをらくにする易しい取り組みとして意義あるものになっていきます。

その 　一つひとつの学びの方法を年度初めに教室全体の子どもたちと共有すると同時に，学校全体の学習法（「学びのスタンダード」）として位置づけて取り組むならば，子どもたちは，ストレスの少ない落ち着いた学習を全うするようになっていきます。

遅れ気味な子に光るキッカケを創る

1つ 　の学びの習得が，想像以上の飛躍を子どもたちに可能にすることがあることを，教師をしていて体験的に痛感することがあります。

　私が中学校の教師をしていた時，1人の男子生徒がとても英語を苦手にしていました。苦手であると同時に毛嫌いしていたと言ったほうがいいかもしれないほど，見向きもしないのです。ただ私は，その男子生徒が数学の授業には大変興味関心を持って取り組むことから，「この生徒はまんざら能力がないのではないな」と直感的に思っていました。

　私は家庭訪問に行って母親と面談している時に，母親が「この子には大変手を焼いています。好きなことしか勉強しないのです。だから英語の教科書を開いているところを見たことがありません。先生なんとかよろしくお願いします」と頭を下げられたのです。

その母親の言をその子も聴いていました。私はその母親の言葉に共感しながらも，「お母さん今この子は中学2年生です。確かに教科によって勉強の偏りがあることは事実ですが，私はこの子の数学の学力は相当高いと思っています。だから今は数学に夢中になっているこの子を私は応援したいなと思っているのです。英語は確かに各段に低い次元ではありますが，……」と言ってその場を去りました。

　その男子生徒の数学の力は，本人が「数学はおもしろい」と言うほど顕著で，数学の授業になると目つきが変わるほど生き生きと取り組むのです。担任である私が家庭訪問で母親の味方になるのではなく，その男子生徒の味方になったことで，その男子生徒は悦に入った顔つきになったことが忘れられませんでした。そして，秋口になった頃，同じ学級の成績上位の生徒と数学の授業の問題をめぐって対等に渡り合うことが，その生徒にはたまらない喜びになっていました。

その

　一方で英語の話になると仲間の中からも，「どうしてそんなに英語が苦手なんだ？」と冷ややかな目で見られることに気づいていったのでした。そのことが，その男子生徒に「これでは自分はダメだ！」と自己反省をさせることになっていったのです。

　「先生は家庭訪問の時に，英語はよくないが，数学でがんばっている君はすごいぞ！　と言ってくれたよね。でもさあ，この頃英語はダメだということは，数学も大したことはないと思えてきたのです」

　「だから，これからしばらくは数学の教科を放り出して，英語を嫌だけど真面目に勉強しようと思うのだけれど……」と突然私に話し出したのです。

　「すごいじゃないか，あれほど嫌いだった英語に取り組むというのか。しかし，やめておいたほうがいいのではないのか。がっかりするような結果になるかもしれないぞ」

私はやや皮肉めいた言葉で応えました。

「いや，先生ダメなんです。いくら数学ができても，みんながバカにするんだ」

「恥をいっぱいかいて，英語の先生にバカにされている自分がかわいそうなんで，……だから今日から心を入れ替えてがんばります」

と私に語りながら，自らを鼓舞するように生き生きとした目つきで語ってくれたのでした。

陥没 していた英語の学力は，長い間のツケもあって，すぐには伸びませんでした。そんなに話はうまくいくものではありません。しかし，驚くことに3年生になって少人数の英語のクラス編成の時に彼は上級クラスを希望したのです。そして，「自分を追い込まなくては自分のような怠け者はできるようにならない」とまったく2年生の頃までとは違った顔つきで私に語るのでした。

「先生はオレを不幸にするために英語などは勉強しないでもいいよと言ったのかもしれないけれど，オレはやっぱり強くなりたい。英語もおろそかにしてはいけないとこの頃思うようになって，英語の野崎先生にオレの勉強の弱点を直すために何をしたらいいか聴きに行ってきたんだ」

その目は明らかにキラキラしています。

「やっと火がついたか！」

「少し遅かったけれどもまだ間に合う。がんばれ，お母さんも喜ぶぞ。先生もうれしいし，これからの君の研鑽が楽しみだ」

と肩を抱いて喜びを共有したのでした。

こうした 出会いをした生徒はほかにもいる反面，いつまでも落ち込んでいる生徒も多々います。そんな生徒の力になるこ

とは至難なことですが，1人でも2人でも目覚めてくれる子どもの出現は私には大きな喜びになっていったのでした。

（4） 希望につながる支援

夢は足元から育つ

日々の暮らしの中で夢を語り夢に思いを寄せることは，そんなに度々あることではありません。ふだん私たちは日常的な移ろいの中で，その日をなんとか過ごしています。そんな現実では，「夢を語る機会」は格別意識していないと忘れてしまっています。

山田先生は，まだ20代後半の青年教師です。なんだかいつも小学校の高学年の担任が多い先生です。その年も4年生を担任していました。

山田先生は絵を描くことが好きでした。だから，子どもたちが図工の授業で絵を描く時には，必ず自分も絵筆を持って同じように描いているのです。

ある時は教室のど真ん中に大きな花瓶に溢れるように花を活けて置きました。子どもたちはそれを取り囲むようにして描きます。またある時は，白壁の多い街中で写生することもありました。そんな時も山田先生は一緒に描きます。

山田先生は図工の授業には一切指導らしきことをすることはありませんでした。「一緒になって描く」ことをするだけです。しかし，そんな振る舞いが子どもたちには刺激的でした。

山田先生の周りに寄り添うように集まってくる子どもたち。

「先生，絵を描くことが好きなんですね」

「先生は夢中で描いている時は，何もしゃべらないで描いているよね」

「でも時々にやにやしているよ」

そんな子どもたちの観察力はさすがです。そして，どの子も描くことが好きになっていくのでした。

ある日，山田先生は，市内の公園で写生大会のあることを子どもたちに告げました。「みんなどうする？」「参加したい人はいるかなあ」と問いかけると一斉に手が挙がりました。

「行く行く」「ぼくも……」「私は絶対行きたい！」とはしゃぐ子どもたちのために，山田先生は，市内の循環バスに乗って行くことを計画したのでした。

写生大会は，動物公園の隣の芝生で開催されました。子どもたちは，「ヤギさんを描きたい」「ぼくは，馬の親子だ」「私は蒸気機関車」とそれぞれの描くものを決めて取り掛かりました。もちろん山田先生も描きました。

時間は10時に開始。それから昼食をはさんで午後まで描き続けるのです。みんな弁当持参です。

草をはむ馬の子を愛おしそうに眺めながら，斎藤君は親子の馬を描いています。「馬の目がかわいらしいなあ。でもあんなにもやさしい目をしているなんて，発見だ！」と言いながら描いている斎藤君です。

サヨ子さんは，カモの親子が水辺で遊んでいるところを描いています。「お母さんカモが，いつも子どもを見守っていて，さすがだなあと思うところが描きたい」と筆を走らせています。

写生大会での子どもたちは，「夢中になること」に心地よい歓びを感じていました。山田先生は格別子どもたちの描いている様子を見て回ることもしていません。子どもたちのやりたいように任せてい

るのです。「夢中になる」それはなんと素敵なことでしょうか。「夢は足元から育つ」ことを子どもたちが体感しているのを山田先生は目を細めて遠目に見ていることはあっても，「指導らしき」ことは何もしていません。

　帰りの循環バスの中では，子どもたちは「あのヤギさんはあの公園で暮らしていることに満足しているのかなあ」とか「親馬は子馬をかわいがってこれからも暮らしてほしいなあ」などと，自分の描いた動物などへの愛着を語り合っていました。それを聴いている山田先生は，きょうは子どもたちと一緒に参加できたことを歓びながら，うとうとと居眠りをしているのでした。

山田学級は，絵筆を走らせることを歓びにしている学級なのでした。それは，夢が足元から育つ予感をさせるのに十分な教育活動であったのです。

納得感がなければ終わらせない

ある時，私は５年生の算数の授業を参観する機会がありました。吉田しのぶ先生が授業をするところを参観したのです。台形の面積を求める授業をしていました。

　子どもたちはそれまでに習った図形の面積を導き出す計算法を駆使しながら悪戦苦闘していました。それを吉田先生は机間巡視をしながら，個別指導を中心にして，それぞれの子どもを支援しています。ある子どもは長方形の面積の出し方の公式を使いながらがんばっています。ある子どもは，三角形の面積の出し方を応用しながら計算に苦慮しています。それは，静かな光景の中にも緊張感のある授業でした。

やがて　個別の学びの時間を終えて，みんなで考えたことを交流する授業時間になりました。みんな緊張しています。まずはペア学習で，互いのやり方を交流する時間です。

　そんな中で1人の男の子が隣の子に「聴いてください。ぼくは，台形を2つ重ねて平行四辺形にしました。それであとで2分の1にしました」と言っています。

　またある子は，「補助線を引いて台形を三角形と四角形に分けてあとで足しました」と相手の子どもに話しているのです。

ペア　学習をした後で，黒板の前に出て説明する場面を設定しました。吉田先生は，みんながやっているのを机間巡視していたのですから，大方のやり方を見ています。

　康二君が，その大役を負って前に出て自分のやり方を発表しました。

　「聴いてください」「はい」「ぼくは，上の辺と下の辺は平行であるから，2つをくっつけて倍の大きさにして，……それで上の辺と下の辺を足して高さでかけて……それで2分の1にしました。ここまでわかりましたか」

　その説明に，教室の中にざわざわとした空気が流れました。「いいと思います」という声と「もう一度言ってください」とが交差したのです。

　康二君は少し自信がなくなった感じでしたが，もう一度話したことを繰り返しました。「ああ平行四辺形をつくってやったということですね」と聴いている子どもの中で声がしました。

　一方で「そのやり方でほんとうにいいのかどうか私はよくわかりません。もう一度教えてください」と声が出ました。

　私は，康二君のやり方に簡単に納得しないで，自分がわかるまで正直に，しかも粘り強く問い続ける子どもたちの姿に心を打たれました。吉田先生は，正直に納得感を得られるまでがんばる子どもたちの粘り強い

姿に目を細めて応援しています。そこには，わかった子どもだけが，わかったことで処理される授業からは程遠い学びがあると，私はとても納得できました。

あと　の協議会では，吉田先生は，「この頃自分の授業のやり方で，納得できるまでがんばる子どもが出てきたことを，私としてはうれしく思っています」と笑みをたたえて言われたのです。

　「わかって当たり前の授業から納得するまでがんばる授業へ」の吉田先生の願いを垣間見た思いで胸がいっぱいになった私でした。

見える化のすごさ

金子　みすゞさんの詩で，「犬」という詩があります。中学校2年生の教室で，その詩を味わう授業を通して道徳の授業を行おうとしていたのは，鈴木幸子先生です。

　そんなに長い詩ではありません。それを生徒たちは何度も何度も立ち上がって，みんな個人個人の速さで思いを込めて読むバラバラ読みをしました。心を込めての音読です。それぞれの思いを入れて……それが表

犬

金子みすゞ

うちのだりあの咲いた日に
酒屋のクロは死にました。

おもてであそぶわたしらを、
いつでも、おこるおばさんが、
おろおろ泣いて居りました。

その日、学校でそのことを
おもしろそうに、話してて、
ふっとさみしくなりました。

（金子みすゞ童謡全集『空のかあさま』JULA出版局）

情に出ている生徒もいますし，なんとなく音読している生徒もいます。

　そして，それぞれの生徒たちに，鈴木先生は「自分の心に残ったところを線を引いたり丸で囲んだりして，どういうふうに心に残ったかを下の空欄に思い切り書いてくださいね」と指示しました。生徒たちは何度も音読したのですから，心に残った言葉を探してそれに自分の思いを書いていきました。鈴木先生は机間巡視をしながら，誰がどこにこだわっているか，見届けながら，詩の言葉に生徒の名前をメモしていきます。

　鈴木先生は，

①　「だりあの咲いた日に，酒屋のクロは死」んだことの意味

②　「いつでも，おこるおばさん」と「おろおろ泣いて居りました」の対比

③　「おもしろそうに，話してて」は，何をみんなは話していたのかを想像している生徒

④　さらに，連が変わって「ふっとさみしくなりました」の「ふっと」にこだわっている生徒や「さみしく」の中身を吟味している生徒

などを確認する中で，その後の授業をどう進めていくかを見通し，授業の進め方を見直していったのです。

授業は生徒それぞれの思いを，彼らのこだわった言葉につなげながら，語り合っていきました。

　多くの生徒からは「いつでも，おこるおばさんが」「おろおろ泣いて」いたことを「おばさんは，それほどクロをかわいがっていたのだ」「おばさんがおろおろ泣くというのは，かなり激しく取り乱している様子を感じます」などの発言が続きました。

　またさみしくなったのは，「クロが死んだことを言っている」という意見と，「おもしろそうに話し，おばさんの心を笑った自分たちのおろかさをさみしく思ったのだ」と言う生徒もいました。

そして「おもしろそうに，話してて」が，何をおもしろそうに話していたのかをめぐって生徒の中でも意見が分かれました。「クロが死んでしまって，おばさんのあわてて取り乱した様子のおかしさ」を指摘する生徒。そして，おばさんを笑ったことでさみしくなった自分の（子どもたちの）心の気恥ずかしさを指摘する生徒。それらの意見を聴いた上で「『ふっと』があるのとないのではどう違うか」が問題になりました。生徒は，「ふっと」があることによって，作者を含めた子どもたちが，人の不幸を笑い，おもしろそうに話していた自分の心の貧しさ，おろかさに気づかされたことを語り合うのでした。

この授業の中で，生徒たちはクロの死，おばさんのおろおろ泣く姿，それをおもしろそうにしゃべり合う仲間，そしてそんな自分たちの人の不幸を笑う心の貧困さ，などを鮮明に「見える化」していったのでした。それは同時に作者の金子みすゞさんが，何を訴えたかったかを推測していくことにもつながっていったのです。

　この詩に書かれた世の中の何気ない光景や振る舞いの中に「見えてくるもの」を語り合う生徒たちの中に「涙を流している生徒」がいたことも私には感動でした。それは彼らの心に見えてきたことが情感となって，ほとばしり出たことを鮮明に表しているように私には思えました。

　生徒たちが詩から学んだ悲しみ，残酷さ，そしておろかさを「見える化」していった鈴木先生の授業は，参観者の心をゆさぶるに十分な迫力を持っていたのでした。

泣くほどなのに泣けない衝撃

2011年の東日本大震災は，大きな衝撃を日本中に与えました。ましてや現地を訪れた人々はその光景に言葉を失うほど

のショックを覚えたのです。瓦礫の山にうずまった命を前にして，多くのボランティアはなすすべなく呆然とするばかりでした。

内田 先生は，30代に入ったばかりの女性教師です。2011年，彼女は5年生を担任していました。彼女はあえて子どもたちに，「先生は明日と明後日の木金と土曜日，日曜日に三陸地方に行ってきます。みんなと一緒に行きたいけれどそれは無理ですから，先生一人で行ってきます。先生はみんなになんとか被災地の様子を生で感じとってもらい，みんなに一緒になって，考え行動してほしいので行く決意をしました。先生は2日間休みを取るのでみんなには迷惑をかけるけれど，待ってほしい。それで私はみんなに協力してほしいのです。悲嘆にくれている人たちの生の状況をみんなにも共有してほしいのです」と言って，名古屋から特別に仕立てられた夜行バスに乗って被災地にでかけました。

現地 は，想像をはるかに超えた悲惨さでした。多くの棺の置かれた混乱した体育館に足を踏み入れた途端に，内田先生はめまいを感じました。体育館や津波からのがれてたどり着いた小屋の中で眠れずに慟哭する人々の姿は，「見てられないが，目を背けることもできない」衝撃を内田先生に与えたのです。

　こんなところで何ができるのか，ボランティアをやるどころではない，破壊された人々の心に「自分は何ができるのか」混乱する内田先生でした。

　それでも一緒に来たボランティアの消防士たちに導かれて一緒に片づけに動いたのです。この悲惨な光景を写真に収めていいものか，迷いながらも夢中でシャッターを押しました。インタビューもしました。

　「今は力になれなくても，帰ったら子どもたちや保護者の方々にもこの惨状を伝え，働きかけて，行動していく自分たちになっていくのだ」

と自分に言い聴かせて無我夢中に動いたのです。

学校

学校へ戻った内田先生は、「みんなに話すことがいっぱいになるように行ってくるつもりだったけれど、今はショックで何も話せない」という思いで子どもの前に立っていました。

わずか数日のことでありながら、やつれて目も落ちくぼんだような姿は、子どもたちにもなぜかすごいことを内田先生が見て感じて動いたに違いないと思わせるに十分であったのです。

「先生は泣くほどのショックを受けたのに泣けませんでした」

そう言うのが子どもの前に立った内田先生の精いっぱいの自己表現であったのです。

内田先生の不在中に、子どもたちは新聞の切り抜きを集めていました。それに内田先生の写真やインタビューを重ねて「今私たちに何ができるか」を問い続けていくことになっていきました。

被災地に行く前の内田先生は、単元構想をして授業をしていこうと思っていましたが、それはとっくに諦めました。そんな次元の問題ではない、今、内田先生の中には、この1年ずっとずっと朝の会や帰りの会を含めて、大震災の具体的な惨状に子どもと一緒に向き合い続けることなくして、他に何ができようかと思ったのです。

それは、日常的な学びの連続性の中で、子どもたちが何をどう感じたり受け止めたりするかはわからないけれど、とにかくこの1年は担任する子どもと一緒に「大震災を見つめ続ける」ことをしようと決意したのでした。そうした営みに、校長も教頭も全職員も、ある時は内田学級に入り込んで、ある時は全校集会で、今の現地の惨状を具体的に語り合う会を行ったりしてくれたのでした。

内田 先生は，自分の教師歴をひっくり返すようなこの大震災の惨状を学ぶことを，1年間ほとんど隙間もないほどしていったのです。この学びが何を子どもたちにもたらすかの見通しは今の内田先生にはありませんでしたが，結果を考えずに「やらなくてはいけない，やるんだ！」という一心からなされたのです。

　ある子どもは「命よりも尊いものはないはずなのに，何もできない自分たちが悲しい」，またある子は「他人事のニュースになってはならない。自分の大きな課題にしていく」，またある子は「同じ年齢の子が津波に遭って流されて……その子のことを思うと泣くに泣けない悲しみが襲ってくる」と生活記録に書き綴ってくるのでした。

　「生きている自分が申し訳ないと思えてくる」と内田先生は自分の非力さを覚えながら，「泣くほどなのに泣けない衝撃を私は背負うべきだ。逃げてはいけない，忘れてはいけない，放り出してはいけない」と自らに課すのでした。

3　苦悩の中でのやりがい見つけ

（1）　間違っても落ち込ませない

泣くほどの悔しさが道を拓く

村山君は中学３年生。彼は私の担任生徒です。成績は中の上位かな？　というところで安定しています。彼は一人っ子のせいか，わがままであり，やや我慢強さに欠けるところがありますが，それでも学校生活の日常はなかなかオシャマな言動で学級の人気者でもあります。

　彼は進路指導では，商業科の方面へ進むことを希望していました。私も今の彼の成績であれば，そんなに無理な選択ではないと思っていました。

　ところが，高校入試に失敗したのです。落ちるはずのない彼の成績に私は「迂闊だった！　申し訳ないことをした」と頭を抱えました。家庭訪問をして，両親に詫びました。

　「なんとも私としては模擬テストの結果から言っても，まさか落ちるとは思ってもいませんでした。本人に入試を終えた時に聴いても普通にやれたと言っていましたから，私の指導ミスがあったのかもしれません。ほんとうに申し訳ないことをしてしまって，なんとご両親にお詫びをしていいのか，……」

　私はその次の言うべき言葉を失っているほど，混乱していました。

「いえ，先生，そんなに謝らんでくだされ，あの子は日頃からそういうところがあるんです。だから，本人の運がなかったということでしょう」

父親は冷静なまなざしで語るのでした。

母親も涙を流しているものの，「先生にこんなにもご心配をおかけしてしまって……あの子はそれだけの運であったということです」と言葉を添えました。

彼は　その後，名古屋市の私立高校へ進学することになりました。私はほんとうに大きな挫折を味わわせてしまって，……と思うばかりで，進学してからも時々「中学校へ遊びにこいや」と声をかけて誘いましたが，来ることはありませんでした。ただ風のたよりで，「名古屋までオートバイで通学している」という高校3年生の時の情報が無性に気になっていました。

それから間もなく心配が現実になりました。「村山君がオートバイ事故を起こした」ということでした。なんでも接触事故を起こして転倒したということ，その上骨折をして休学していることなどが耳に入ってきたのです。

「大丈夫か！」と私はすぐに自宅で休んでいる本人を見舞いました。そんな私に彼は「大丈夫です。まあ事故はぼくも不注意であったので，……休学は泣けてきたけれど，今はもうやり直す気持ちになってきていますから。先生心配しなくてもオレはオレの人生であるから，これからは生まれ変わったつもりでがんばるから」と言うのでした。

それは中学生の頃に軽はずみなジョークを飛ばしてみんなを笑わせていた彼からは想像できない落ち着いた口調の言葉でした。

彼は　その後1年遅れて卒業すると夜間の大学へ進学することになりました。そして公務員として市役所に就職したのです。そんなある日彼が私のところに訪ねてきました。「先生，久しぶりです。なんとか元気になってやっているので，心配かけちゃった詫びに来ました」と言うのです。その表情は落ち着いていて中学生の頃の跳んでいるような落ち着きのなさからは想像もできないほどの端正で明るい表情と振る舞いでした。

「何がこんなにも彼を変えたのか」

私は彼の顔をじっと眺めながら「よかったなあ。オレも安心したよ。君がこんなにも元気でがんばっているとオレも負けてはいられないなと思っている。ありがとう，ほんとうにありがとう」と言葉を返したのです。

「入試に失敗して，やややけくそになってしまって，挙句の果てにオートバイ事故を起こしてしまって，やっと自分が人生の外れ者になっている実感を味わったこと，これではいけないと思い立って今までにはないほどの気持ち（決意）で勉強に打ち込んで，3年生に編入した時に『何が何でも自分の弱き心に負けないでやろう』と思って……」

そこまで話すと村山君は顔を紅潮させながら，「先生，人生順風満帆もいいけれど，オレのような落ち着かない人間にはいい試練であったと思う」と語るのでした。そこには涙が浮かんでいました。

「村山君，すごいじゃないか。道は遠回りかもしれないけれど，泣くほどの試練が君をこんなにも成長させたのだから，オレも負けてはいられないな」と言いながら強く握手をしたことでした。

「先生，希望は悪戦苦闘から生まれるのかもしれないね」と言いながら「また先生，これからもよろしくお願いします」と丁寧に頭を下げて帰って行ったのでした。

決断が人を変える

深津　先生は，30代後半の男性教師です。落ち着いた風貌，誰にも優しい口調で談笑する彼を校内で見下すような同僚は誰もいません。私は教頭職でしたから，校内の様子を見て回る時も，時々彼の教室に足を運び，空いた椅子に座って一緒に授業をしている気分になっているほどでした。彼はそんな私に「教頭先生が座っていると緊張するなあ」と恥ずかしそうに笑みをたたえながら，「先生，ぼくの授業をどう思いますか？　ダメでしょう」と言うのです。

「そんなことはないよ，立派なものだ」

「へえー，お世辞がうまいなあ。だから教頭先生にいいように使われるのだわ」と返してきます。

ただ私には，彼のそんな言動の中にある気弱な性格が，今一歩彼の成長を阻んでいるように思えていました。

まだ　土曜日が勤務日であった頃でしたから，ある日の土曜日に彼を誘って食事に行きました。

「教頭先生と食事をするなんて緊張するなあ」

彼の口癖です。

「いや，飯でも食べて雑談したいなあと思っていたから」と私。

私は彼に，自分の若い頃は神経質でくよくよする性格であり，何事にも消極的になりがちだったことをいろんな例を出しながら，その日雑談したのです。

「教頭先生，ぼくはダメなんですよ。いくら教頭先生がそんなことを言って慰めてくれても，それは格段の差がありますから」

そういう彼はどこかで自分が教育大系の出身でないことに劣等感を持っていると話すのです。確かに彼はそこまで気にかけているのかと思う

ほど弱気になっているのです。

「ぼくはダメなんですよ。みんなについていくのが精いっぱいなことで……」

「でも教頭先生とこうして一緒に食事をして……心が軽くなったように思います。ありがとうございました」

それ からしばらくして……1年以上経ったでしょうか……彼が2年生の生活科の授業を公開授業としてやることになったのです。その授業は「学校の運動場の遊び場と梅坪公園の遊び場と比べっこしよう」という授業でした。初めのうちは，子どもたちは2日前に遊びに行った公園の様子やおもしろかったことを話し合い聴き合う授業になっていました。

ところが三宅君という男の子が「ぜんぜんおもしろくなかった。だって，みんな砂場や木登りの奪い合いで，ぜんぜんおもしろくなかった！」と大声で言ったのです。

それにつられて数名の子どもの発言が「そうだ，そうだ！」「みつる君は，勝手な行動を平気でするから」「トシ君は，水の奪い合いでぼくの服に水をかけてきて……もう二度と梅坪公園には行きたくない」と力んだりしたのでした。

それまでの穏やかな回想的な授業は一変して，梅坪公園での「けんか騒ぎ」が話題の中心になっていったのです。そんな授業の展開であったにもかかわらず，不思議なことに深津先生は，慌てる様子もなく，「それで……」「だから……」と言葉を添えて公園での遊びの難しさを浮かび上がらせていきました。

授業後 の協議会で，深津先生の授業の展開が，子ども在りきで行われていることに話題が集中しました。

「なんで，あのような展開になったのに，深津先生が焦らずにニコニコしながら，授業を続けることができたのか」が，大きな注目点になっていったのです。

そんな多くの同僚の声に深津先生は，

「私は臆病者です。いつも公開授業をする時に，指導案通りにできるかどうかを心配して前夜などは眠れないこともありました。そんなこともあって，今回は思い切って指導案を職員室に置いてきたのです」

「何にも拘束されない授業をしようと，言わば成り行きのような授業になってもいいと思って……」

そこまで彼が話した時,「すごいことだ」「よくまあ決断したものだ！」と大勢の仲間の賛同を得ていったのでした。笑い声も起きました。深津先生の開き直った姿勢に「これぞ本物の子どもに寄り添う授業である」とみんなが断言したのです。

それからの深津先生は，弱虫で神経質な彼ではないとみんなから評判になっていったのです。深津先生の「すごいところに私も学びたい！」と。深津先生への信頼感が高まっていったことでした。

私は深津先生に，「すごいじゃないか，ほんとうにそれでこその深津マジックだよ。私は君がこんなにも勇気ある実践をしてくれたことを，心からうれしく思うし，賞賛したい」と強く握手をしたことでした。

彼のよさが見えてきたことは，霧が晴れていく様子にも似ていました。大事な学びを教えられ教えた日々の営みであったなあ，と深く懐かしく思い出すのです。

本物に出会うことで覚醒

荒れ た学年であった５年生。それはどうにもならないほどの混乱を起こして学級崩壊状態になっていました。２クラスの学級がそうなってしまったのです。１つの学級には，Ｎという男子の存在が突出しており，のさばっていました。担任は３年目の松野先生という男性教師。Ｎは，家が飲み屋を経営しているのです。Ｎの兄も中学校では不良で鳴らした存在で，中学校の教師も手を焼く存在であったのですが，５年生のＮもそれに勝るとも劣らないほどの悪辣ぶりで，やんちゃな存在でした。

　松野先生はなんとかしようと本人と話し合う機会を持ったり家庭訪問で親とも面会したりしました。面会は深夜に及ぶこともありました。飲み屋の中での騒然とした状況では真面目に話も進みません。

　「先生，放っておいてくれや。まあ，あんたの手に負えないならば殴ってもらっていいから」が父親の弁でした。

　事の解決に至るどころではありません。松野先生は家庭訪問がずっしりとした疲労感となって，帰宅するのです。でも松野先生は，それにへこたれている暇はありませんでした。翌日はまたそんな子どもたちを相手にして授業をしたり面談したりで，それはそれでエネルギッシュな取り組みであったのです。どんなに疲労感を持っていても，根気強く毎日を過ごそうとしている松野先生には，私も校長としてどう対応したらいいか，思案していました。

　私は松野先生と一緒にＮの家の飲み屋を訪れて懇談を試みましたが，忙しく動き回っている両親の隙間をねらっての懇談は，思うように進みません。「まあ校長さん，一杯やらんか！」「うちの奴のことは放っておいてくれ！　それでいい」が返事になり，話は滞るばかりでした。

　授業中もＮは数人の子分らしき男子の仲間と大騒ぎをして教室から脱出したり，「先生，わかんねえ授業をするな！」と暴言を吐いたりして，教室を混乱の渦に巻き込んでいったのです。

そんな 状態で，校長であっても私にもどうという妙案はありませんでした。ただ思案の末に思いついたのは，総合的な学習の時間に，何か彼らの心をゆさぶる出会いを与えられないかということです。

　私の町に近藤玲子さんという重度の脳性小児まひを抱えたもう50代になっている方が住んでおられました。近藤さんは，歩くことも座ることも並大抵の努力ではできないほどの障害者で，言葉も注意深く聴かないと聴きとれないほどの状態でした。

　私は，彼らを近藤さんに出会わそうと思ったのです。近藤さんは小学校時代はおばあさんの叔母車に乗せてもらって通学し，中学校時代は兄弟の手助けで弟の聡君と一緒に机を並べて過ごし，さらに大学への道をめざして通信教育で勉強したそうです。近藤さんは，並大抵ではないほどの障壁を乗り越え，「生きること」に執念を燃やしていたのです。

　バスに乗って外出することができた時期もありましたが，その後，バスの乗り降りは転落する危険が出てきたため乗ることができず，横を過ぎ去るバスを恨めしく眺めながら近藤さんは，足を引きずり外出するのが精いっぱいな生活であったのです。

　そんな彼女の生きざまに触れさせたい，それしか彼らを目覚めさせることはできないのではないかと思い至ったのです。

　私は事の次第を近藤さんに話しました。近藤さんの「私のような者がお役に立てるならば……」というご返事をいただき，学校へ来てもらう機会をつくったのです。私は近藤さん宅を訪問し，話を聴いてほんとうに多くのことを衝撃を持って学びました。それをNにも聴いてほしいと思いました。近藤さんの言葉だけではなく，その風貌や振る舞いをNたちが見たり聴いたりした時に，どういう反応を示すかが私は楽しみでした。

近藤さんとの出会いは，子どもたちには大きな衝撃であったようでした。それは多くの子どもが，目を背けたくなる近藤さんの様子に直面し話を聴いて，「なんてかわいそうな人だ！」と思うと同時に「なんてすごい生き方をしている人だ！」と真逆の姿を心に焼き付けていったのです。

　そうして，近藤さんが帰る時に，あっと驚くような光景が生まれたのです。それはNを先頭にして近藤さんの乗っている車椅子を2階の教室からみんなで持ち上げてそろりそろりと運び出したのです。そのNの表情は，今までに私が見たこともないほどの真面目さをにじませていたのでした。私はそれを見て涙が出てくることを禁じ得ませんでした。

　そうして近藤さんとの面会のあとで書いたNの作文の中に，「オレにはマネのできない近藤さんの一歩一歩が伝わってきた」と書いてあったのです。

それからのNは「次はいつ近藤さんが教室に来るのか」と担任の松野先生に言うのでした。そこには，自分のこれまでの生活では経験したこともないほどのショックを受け，今まで見せたことのない顔つきで言うNがいました。

　その後，松野先生は近藤玲子さんの家を訪ね，子どもたちの作文を手渡しながら，「近藤さん，あなたのおかげで子どもたちは大きな勉強をしています。どうかこれからもお越しください」と深々と頭を下げるのでした。

　Nがそれで一度に改心したわけではありません。しかし，心にひびく出会いは確実に，彼が道を外れ過ぎることなく，これからがんばってくれる予感をもたらしてくれたのでした。

（2）　挫折は飛躍への足がかり

回り道など 1 つもない

松井 君は，一旦一般企業に就職したものの，その仕事が自分の性に合わないことに鬱々としていました。営業畑に足を踏み入れたのですが，自分の生涯の仕事にするには確信が持てず，後悔ばかりが先に立つのです。

そんな心の内を父親に思い切って話したところ，「おまえの人生だ。おまえが納得できないままに日々を過ごしていくのはよくない。嫌なら自分で決断するだけだ。ただし，オレはおまえを応援するほど若くはないし，資金もない。自分で納得感のある道を選ぶことは応援したいが……」とのことでした。

そんなことから，松井君は教職の道に望みを託したのです。しかし，彼は大学時代に教職課程の単位を 1 つも取っていなかったのです。今になって教師になりたいと望んでも免許状を取得していないことは，絶望に近いのです。それでも松井君はなんとしても，教師になりたいと思うようになったのです。

思い 起こせば，高校時代に担任教師から「君は先生になることがいいかもしれないよ」と言われたことがありました。それを聴き過ごしてしまったことを今更後悔しても始まりません。遅れをとってしまった今，教職の免許をどうして取ったらいいのか悩むところから始まりました。

彼は東京に出ることを決意しました。そして，新聞配達をする営業所に飛び込み，朝夕の新聞配達をしながら，玉川大学の通信課程に入ったのです。午前2時には朝刊の配達のために起床して，自分の担当地域を回って配達を終えると5時半くらいになります。それから，教職の勉強です。疲れている身になかなか勉強の中身は重くのしかかり，辛い日々の連続でした。しかし，自分の選択した道です。逃げ出すわけにはいきません。ただただ机にしがみつき，単位を取ることに邁進しました。まさに悪戦苦闘です。そんな日々が2年間続いたのでしょうか。彼は小学校課程の教職2級免許を習得したのでした。

　そして，郷里の愛知県の採用試験に臨みました。幸いなことに彼はもともと人柄もよく，誠実な言動が試験官の眼鏡にかない，なんとか合格したのでした。彼の赴任地は自分の郷里からは離れた豊田市の山間部の学校でした。「ここが自分の求めていた教師になる第一歩だ」と思い，感慨深いものがありました。

　なりたくてなった道です。3年ほど同年の教師よりも遅れてしまってはいますが，そんなことはどうでもいいことです。とにかくなりたくてなった職業です。彼は日々わからないことに立ち向かい，一生懸命子どもと向き合いました。初めての担任は4年生。学級の子どもの数は16名。男子7名，女子9名の学級でした。

　彼は，朝は一番に学校に行くのです。校舎の窓や玄関を開けて自分でお茶をわかし，先輩教職員の登校を迎える日々でした。それだけでも「松井先生は小まめに動いてくれて助かる」と先輩たちからは大歓迎の日々でした。ところが授業となると玉川大学で教育実習をしたものの，何をどうやって進めていくのか，皆目見当もつきません。時々先輩の授業を参観させてもらい勉強することが大きな頼りです。

　休み時間には，子どもたちと一緒に遊ぶ，掃除や給食も一緒にするなど，松井先生は子どもたちに歓迎されていますが，授業は教材研究も指

導書頼りのおぼつかない手探りの日々が続きました。ただ彼にはやる気はいっぱいあります。だから貪欲な学びをしていく気力も眼力もありました。吸収する力は格段にあるのです。

　そんな松井先生が学校の人気者になっていくのに，時間はかかりませんでした。運動会や学芸会などにも積極的に子どもと取り組み，多くの子どもたちに慕われ，「ほんとうにこの仕事を選んでよかった」と思う日々であったのです。

それから5年経った時，彼は山間部の学校から企業町である都市部の私の勤務する学校へ異動になったのです。相変わらず学校へは一番に行く，そして最終点検簿に名前をいつも書くほど，遅くまで仕事をしていました。真面目を絵に描いたような言動は相変わらずでしたが，やはり山の学校とは違うことに，学級経営や授業がとん挫することもしばしばでした。しかし，そこは彼の積極的で誠実な人柄によって，新しい大規模校の教職員にも「松井先生はすごい！」と言わせるほどの評判になっていったのです。

　ただ子どもたちは山の子とはやや違うというか，生意気盛りで反抗的な態度をとる子どももいるのです。それが授業を行う時に，大きな抵抗感になって，素直な向き合い方をしてくれないのです。松井先生は悩みました。私もたびたび彼の教室を訪れました。そして一緒に授業をする仲間に入り，授業後に語り合うこともしばしばしたのです。彼はほんとうに素直に私の言ったことを聴き届け，授業改善には「よくもまあやるものだ」と思うほどの真剣さで応じてきます。

それからの彼は，どこに行っても評判になるほどの仕事への打ち込みようでした。私も学校が代わっても訪ねてくることをうれしく思い，応援することにやぶさかではありませんでした。

転任するたびに，彼の評判は高まっていきます。「今はほんとうにやりがいがある」とは本人の弁でしたが，それ以上に同僚から慕われ，先輩からは彼の力量と管理能力の高さが評価され，異例とも思える配慮によって教頭職になり，最後の3年間を校長職に就くことになったのでした。

私は 松井先生の35年間の教職の一部にかかわっただけではありますが，彼が全力で誠実に職務への使命感を持って勤め上げたことに，心から大きな賛辞を贈りたいと思うばかりです。かつて彼の学校にいくたびに，彼の配慮の行き届いたリーダーシップには，驚きを禁じ得ませんでした。ほんとうにごくろうさまだったねと厚く労をねぎらうばかりの私の思いを彼に届けながら，私は，今なお彼の教職への意欲の衰えを感じさせない姿勢に心から共感するのです。

やり直して学習に強くなる

今川 先生には，1つのゆずれないモットーがあります。それは，「どんな学習も学び直して学びになる」ということです。小学校の高学年を担任することの多い今川先生には，つまずきを放置している子どもが多々いることに心を痛めていました。

国語を毛嫌いしている子，算数の立式の仕方をやりきれずに文章題を苦手にしている子，とにかく消極的で今川先生が温かく穏やかに支援しても身をすくめている子など，ほんとうにどうしたものかと思案するばかりでした。

できる子どもとの格差は広がるばかりです。それが子どもたちには，わかっているはずであるのに，逃げてしまう子どもたちのなんと多いことか，今川先生はため息の連続であったと言います。

そんな　　今川先生は，教師歴 18 年目を迎えていました。もうベテランの域です。私が校長を務める学校の 3 クラスからなる学年の学年主任を担当してもらっています。ある日のこと，私がふらっと教室に入ると，今川先生の姿が見えません。「あれ？」と思って見回すと，前方の給食の配膳机で何やら子どもたちに指導しているではありませんか。

　私はしばらくその様子を見ていました。よく見ると算数の文章題を子どもたちと一緒に行っています。それも「教える」というよりも，子どもの考え方を引き出す指導の仕方です。「それで……その先はなんて考えるの？」「ああそうか，よく見つけたねえ。すごいすごい，それなら自分の席に戻って挑戦しますよ」という今川先生の声が聴こえてきます。

　席に戻った子どもたちは，なんだか明るい顔をしているではありませんか。そして「こうだったよな」「なるほど，こうすればいいのだ。わかったあ！」などとつぶやきながら問題に向き合っているのです。

授業　　後，私は今川先生のところに行き，「おもしろいことをしているねえ」と言ったことです。それに対して今川先生は，

　「先生，6 年生にもなると子どもたちも学力差が大きくなるのです。それでこのまま中学校へ送ったら，あの子たちは落ちこぼれもいいところですから……なんとかしようと『今川教室』を開くことにしました。時間的にゆとりがあるわけではないけれど，放置していくのにしのびない心境で苦肉の策です」

とのことでした。そんなことを語る今川先生の表情に深刻さはありません。むしろ「おもしろいですよ。やる気のない子どもでも，自分から今川教室に来る子は，積極的にわからないことをわからないと言いますし，ここまではわかってきたと目をキラキラ輝かせる瞬間があるのですね」

と。

私はそんな今川先生の苦肉の策を聴きながら，授業は一斉学習だけではうまくいかないのだと改めて個別学習の必要性を思ったことでした。

今川

教室のやり方は
　　　・同じ問題で悩んでいる子で参加したい子が前の給食の配膳台に集まる
・「どこがわからないの？」が今川先生の一声。
・国語で言うならば，「どういうことをこの文から思ったの？」
・算数では，「どこがわかりにくいのかなあ」
・その問題を解く手がかりになるヒントの必要な子は誰かな？
・ヒント見つけをしてくれるかな
・もう見つけた人は席に戻ってやってね
・計算が苦手ならば，誰かヒントを見つけられるかな
などと，今川先生が問いかけていきます。そんなことを少人数で行っていると子どもたちも気軽に語るようになると言います。

そんな

今川先生の指導の成果を，ある日今川先生本人から聴くことができました。
　「校長先生，今川教室は週に2回一斉授業を切り替えて行うことを原則にしているのですが，それぞれの教科の平均点を出してみると確かにやる前とは違って上がっているのですね」
　今川先生はとてもうれしそうです。
　「とにかくあきらめていた子どもに少しは火が付いた気がします。中には，今川教室に行かなくても自分でやるという子どもも出てきているのです。とてもうれしく思います」
　満面の笑みをたたえながら今川先生は，子どもたちの学びを応援することに大きな歓びを感じていることでした。

「つまずく」 子どもを立ち上がらせることは，どの教師にも大きな難問です。私はさっそく校長通信で「今川先生の今川教室に大いなる賛歌」と書いて紹介したことでした。

　今川教室を今川先生が行うようになって，3年目が経ちました。今は3年生の担任をしている今川先生ですが，相変わらず「今川教室」は健在です。「やり直して学習に強くなる」子どもたちが育ちつつあることを私は参観するたびに，うれしく思うのでした。

　今は「今川教室」同様に自分も取り組もうとやっている教師が増えてきています。どの教師もつまずきを放置している子を応援したいと思っている教師集団になりつつあることを，私もほんとうにうれしくありがたく思うのでした。

悶々とする時が明日を創る

石川 先生は新任の女性教師です。なりたくてなった教師の道です。「子どもたちとの出会いが待ち遠しいです」

　入学式の前日そんなことをうきうきして言っている石川先生の瞳は輝いています。担任になった2年生の子どもたちの名簿や去年の記録を見ながら，早く明日にならないかなと思う石川先生の振る舞いに「あまり張り切りすぎると疲れるからほどほどにしてね」とブレーキをかける先輩の声もなかなか石川先生には届きません。

そして 新学期がスタートしました。石川先生の教室の廊下を通ると，笑顔で子どもたちと語らっている光景に「いい出発ができたのかな？」と私は思うのですが，でもなんとなく騒がしいのが気になります。係活動や給食当番などの決め事をしたうえで，授業をするのですが，学習規律や授業の仕方などに，そんなにも計画性があるわけ

ではありませんから，やや騒然としているのですね。そうなると石川先生もやや心を取り乱した言動をするようになります。

　私は石川先生に，

　「まずは授業の始めと終わりの挨拶をしっかりできる教室にすること。それから，机の上には，その授業の時間で使うものだけを置くようにしましょうとか」

　「見届けるために，必ず教室中を見回して準備完了したかを確認してくださいね。そんな時にきちんと準備できた子どもたちに向けて『先生うれしいなあ。みんながちゃんと準備をしてくれているから……ありがとう，ありがとう』と言いましょうか」

とアドバイスをしたのです。

　次の日廊下の傍で見ていると，「ありがとう，先生うれしいよ」の声が聴こえてきます。「やってるな，いいぞ，がんばれ！　応援するよ」と私は心の中で思いながら，その場を立ち去るのでした。

ところが，　日々それぞれの教室を訪問するうちに，次第に石川先生の口から「ありがとう」「うれしいよ」「がんばってくれてありがとう」の言葉が消えていきました。その代わり「早くやってよ」「みんな待っているよ」と急かす言葉が，石川先生の口から多く出るようになってきたのでした。

　5月の連休明けになってその傾向はいっそう強くなりました。何か石川先生がイライラしているのです。私はその日の夕刻石川先生を校長室に招いて，この頃の様子や石川先生の思いを聴く機会を設けました。石川先生は校長室に入るなり，うつむき加減になり，あの入学式前の快活な表情が完全に失せているのです。この1ヵ月の悪戦苦闘が重荷になっているなと私は強く思ったことでした。

「校長　先生，私は教師になりたくてなったのですが，なんだか私は教師に向いていないのではないかとこの頃思っています……」

　今にも泣きだしそうな石川先生の顔つきに，疲労感がにじみ出ていました。かなりのストレスをため込んでいることを思わせるに十分な様子でした。

　「そうか，なかなか2年生もやんちゃな子が多いから手を焼くよね」と私。

　「いえ，私が悪いのです。みんなが思うようにならないとイライラしてどうしても荒い言葉をぶつけてしまう自分にハッとするのですが，また同じことを繰り返してしまうのです」

　「自分でも嫌な性格だなと思いますが，子どもたちをなんとかしたいと思うと，どうしても叱ることが先になってしまいます」と懺悔するように語るのでした。涙がほおを伝わっています。苦しい心境が私にもひしひしと伝わってきます。

　「石川先生，あなたの思いはよくわかった。とにかく明日から毎日1時間子どもと一緒に遊ぼうよ」そして，「教えることから，一度退却するんだ。またあなたが子どもたちと仲良しになったら，授業を始めればいいから」と，私と石川先生は，明日からの1週間をそんなふうに過ごすことを約束したのでした。

それ　から石川先生は中庭でおにごっこをしたり，図書館でみんなに読み聴かせをしたりしています。にぎやかですが，たのしそうで石川先生の顔つきもやわらいだ表情になっています。

　そんなことが1週間続いたでしょうか。石川先生は，子どもたちに「この頃思うこと」ということで何でもいいから書いてごらんと指示しました。すると，「学校へ来ることがたのしくなった」「先生と遊ぶと元気に

なれる」「遊ぶと授業でがんばる気持ちになる」などの声が届いてきたのです。

「校長先生，遊んでばかりではいけないと思っていましたが，なんだか子どもたちと打ち解けてきた感じがします。勉強をしなくてはいけないなあと焦っていましたが，今は大事な学びが遊びの中にもあることがわかってきました」と私に話してくれたその顔を，私はとても新鮮に受け止めることができたのです。

石川 先生のその後も決して順風満帆ではありませんでした。それどころかいろんなアクシデントもあって苦労の連続のような顔つきです。しかし，彼女は素直な感性を持っています。みんなからもらったアイデアや実践の方法を受け入れながら，がんばる姿が出てきたのです。悶々として悲壮感のあった時には見られなかった顔つきで今は事態に対処しています。

時々今でも運動場で遊んでいる石川学級の子どもたち。「ああ，石川先生は，子どもたちと心と心をつなぐ勉強をしているな」と私は校長室の窓辺から見届けているのです。

（3） 一歩一歩また一歩

弱い子どもの中にこそある光

立場 の弱い子どもの様子を見るにつけ，「なんとか応援しなくては……」と思うのが教師の営みです。しかし，だらしなさ，落ち着きのなさ，うつろな目をしている，やる気の見られない，行動力のなさなど，そんな子どもの姿を見るたびに，どうしようもないほど手の打ちどころのなさを感じるのが教師の宿命です。

　それでも思わぬ言動をきっかけに，目覚めていく子どものいることを
ベテランならずとも教師は実感しています。それが何であるかが見通せ
ないところに深い苦労があります。

俊孝

君は中学生です。おとなしい性格の子どもです。成績は中の下
というところでしょうか。それでも真面目な人柄で誰からもそ
んなに見下されることもなく，中学校生活を送っていました。

　そんな俊孝君に大きな不幸が襲ったのです。1年生の2学期を終える
段階で，彼はお父さんをガンで亡くすという不幸に見舞われました。俊
孝君は長男です。まだ父親は40代になったばかり。そんな大事な時期に，
家族にはあきらめきれない不幸が襲ったのでした。俊孝君は学校でほと
んど父親の病状をしゃべることも生活記録に書くこともありませんでし
た。

　担任の川崎先生は，夏休みの個別面談で「父親がガンを患っているこ
と」を母親の口から聴きました。それもかなり手遅れのような状態で発
見されたのです。「俊孝は，あまり父親の病気のことは知りません。子
どもですから，私もそっとしておいてやりたいと思って……」と母親は
涙ぐみながら話してくれたのでした。

　そして父親の死。なんとも痛ましいことです。葬儀に参加している子
ども。俊孝君を筆頭に3人の子どもが母親に寄り添って葬儀場にいまし
た。目を真っ赤にした母親のうつろな顔つきに，川崎先生は「目のやり
場のないほど辛いことでした。こんなに悲しい葬儀には出会ったことが
ありません」と。

　それから俊孝君は数日を置いて学校へ登校してきました。友だちもそ
んなにいない俊孝君は自分の机に座って見るともなく外の方をボーッと
眺めているのです。その姿の痛ましいこと。川崎先生は「なんとかして
やらなくてはならない。自分の大きな仕事だと思うが，どうしたものだ

ろうか」と自問自答するのでした。

とにかく 川崎先生は俊孝君と毎日生活記録で交換日記を始めました。

「これから，先生と毎日お話ししよう。君のお父さんの代わりにはなれないけれど，先生で力になれることを一生懸命するから，お母さんの力になるように俊孝君もがんばって」

そんな川崎先生の呼びかけにも俊孝君はただ下を向いてうんと小さくうなずくだけでした。

俊孝君には小学生の妹がいるのですが，生活記録には，そのことを書いてくることが多くありました。夜になると母親と自分と妹で位牌にお参りしてみんな泣いていることが書かれていました。それは無理もないことだと川崎先生も思うことでした。それに対して何もしてあげることのできない川崎先生は，担任としてほんとうにどうしたらいいのか呻吟するばかりでした。

川崎 先生は思い悩んだ末に，夜に俊孝君の家を訪問することにしたのです。何も力になることはできなくても，とにかく少しでもお母さんや子どもたちの悲しみに寄り添うことで，子どもたちに元気になってほしいと思ったからです。しかしそれは簡単なことではありません。時には五平餅を買って持っていったり，少年雑誌を買い求めて与えたりしていました。

しかし，川崎先生は一時しのぎの親切心で行っただけでは，何にも解決にはつながらないことを痛感したのです。やはり学校生活を充実させてやることでしか，この子の力になれないと思うのでした。そんなこともあって，川崎先生は彼を自分の担当のバスケット部に入部させて一緒に過ごそうと俊孝君に働きかけました。それは彼と一緒にいる時間を少

しでも増やそうと思うことからでした。

　俊孝君は川崎先生の招きにそんなにもうれしそうではありませんでしたが，それでもなんとか「いいよ」と返事をしてくれて，バスケの練習に参加するようになっていきました。

俊孝　君はバスケ部の練習で川崎先生の予想以上の動きをしました。彼がそんなにも運動神経がすごいとは思っていませんでしたが，意外にも走ることもボールをコントロールすることも他の1年生に劣らずこなします。「なかなかやるじゃないか」それが川崎先生の見立てでした。まだ1年生ですから，ほとんど走るかパスするばかりの練習でシュート練習もそんなにしているわけではありませんが，4月から始めている1年生の中に入ってもそんなに見劣りしません。「とにかく元気に参加してくれればいい」と思っていた川崎先生に，彼は事に依ったら化けるかもしれないと思わせるのでした。

川崎　先生は俊孝君の家に時々家庭訪問をします。母親が働きに出たのです。そんなこともあって，俊孝君は部活動を終えて帰宅すると洗濯物を入れたり妹の面倒を見たりして母親の帰りを待つようにしています。母親が帰ると夕飯です。そんなことも手伝うのです。「この頃俊孝が変わってきました。今は父親代わりをしていてくれて……ほんとうに頼りにしています」というのが，母親の言葉でした。「おまえは偉いなあ。お母さんを助けて妹たちの面倒も見て……お父さんもきっと喜んでいると思うよ」川崎先生は彼を慰め励ましてから帰ります。

俊孝　君は，川崎先生が担任であると同時に理科の先生であることから，理科の教科委員をするようになりました。実験器具の準備や観察ノートの配布など，まさに助手の働きです。それを俊孝君は率先

してやるのです。なんだかとても男らしい風貌になってきたことを川崎
先生は喜んでいます。逆境をはね返して行動するようになってきた俊孝
君に川崎先生は目を細めています。

　今，俊孝君は，学校生活をそれなりに満喫しています。父親の死を悼
みながらも元気に学校生活を送っているのでした。

あきらめるな「これからだ」

山内　かより先生は，定年退職してから，再雇用で今も現役で小学校
の担任教師をしています。「働けるうちは働きたい」というのが，
山内先生の希望です。しかし，山内先生はただなんとなく再雇用で暇つ
ぶしに働いているのではありません。

今　勤務している小学校は，現役の時に田代校長先生の招きで赴任しま
した。それからかれこれ7年目を迎えるのでした。正規の採用教
員として3年間，それから再雇用で4年目を迎えます。

　山内先生は，毎年発刊される学校の研究紀要にもちゃんと原稿を書き
ます。その原稿はある時は，朝の会のスピーチの仕方について，詳細な
記録分析をして，どうやったら子どもたちが日常生活の何気ないことか
ら，「学びの目」を育てることができるかを書きます。またある時は，「4
月の出発から1学期に，子どもたちに授業参加の仕方をどう育んでい
くか」という視点で，「授業参加」をより活発にする授業づくりのノウ
ハウを書き記し，若手教師たちの手引書になるような実践書に仕上げて
いるのです。

　それを山内先生は「私が好きでやっていることで，それが少しでもみ
んなの参考になればと思って……」と笑いながら言うのです。

山内　先生の記録は若手教員たちのバイブル的な存在になっていました。毎年みんな研究紀要に実践を報告することを一般的にしているものの，山内先生の場合は「どうやったら，授業により多くの子どもが参加するか」「国語の物語文の読み取りを深めていく手法はいかにあるべきか」「見つけ学習の低学年での習得のさせ方」などなど，それはそれは毎年多彩な視点から書き記されているのです。

　しかもそれを毎年自分の担任学級の実践記録の分析で示すのです。山内先生は，「好きでやってることで，みんなに押し付ける気持ちはさらさらない」と割り切っています。

山内　先生は，今年も1年生を担任することになりました。1年生を担任することは，多くの先生方にとって，あまり気乗りがするものではありません。それは一から「指導し」「躾けて」いくことが要求されるからです。

　幼稚園時代の子どもたちが，小学生らしくなっていくきっかけをつくる学級経営や授業実践方法を，子どもたちに具体的に示していくのです。叱って教えることでは，子どもたちはついてきません。話すこと，聴くこと，書くこと，作ることなど，みんなみんな我慢強く，そして何よりもやさしく「指導」していくことに徹するのです。

　それはまさに根気との勝負だと山内先生は笑いながら言います。

　「子どもたちは初めのうちは，怪訝な顔つきで，何をやるにしても，手際のいい子どもとそうではない子どもの差が予想以上に大きいのですね。でも『すごいじゃん！　やれたじゃん！』『ああ，がんばったねえ』『先生みんなのがんばりがうれしいよ』との言葉がけに，一挙に集中してやれるようになるところを見ると，子どもたちって，すごいなと思うんですよね。子どもたちはやりたいのですよ。がんばりたいのですよ。だから，私はやれた時にほめたたえますね」

山内　先生は，いつまで教師を続けるかについて，見通しを持っているわけではありません。まあやれる時までやろう，と思っているのです。そんなことで，今の自分にとって教師として担任生活をすることは，「自分の健康生活を創り出している，とても大事な生活スタイルだと思っています」と言うのです。

　教師という仕事がブラックな職業のイメージがある昨今，山内先生にはそんなイメージはありません。「もしも私がこれで教師の仕事から身を引いたら，不健康な日々になって，一度に老いていくでしょうね」と笑いながら言うのです。

　「とにかくやらせてもらえることをありがたく思っています」「好きでやっているのですから，自分の健康管理に大いに役立っています」と。今の山内先生の目標は，とりあえず70代になるまでは，がんばりたいとのことでした。

男女で学ぶ技術・家庭科の実習

いくつ　かの試行錯誤が，こうありたいという道筋を明らかにしていくことは，誰しも体験的に知っていることです。

　木村先生は中学校の技術科の担当をしている教師です。以前は技術・家庭科というように男子は技術科，女子は家庭科と性別によって，教科が分かれていました。しかし，それはある意味性別によって教科を分断しているのです。それは男女平等の概念から言ってもおかしなことです。

　長い間そんなことも問題視されることなく続いてきましたが，ここにきて，やっと男女共習になりました。男子も裁縫道具をあれこれと使い，縫い物をします。女子もノコギリで切断をしたり釘を打ったりします。それは性別によって，仕事を分けるのではなく，将来に渡って家庭生活を送るにふさわしい教科を可能にしたのです。それでこそ男女共習の意

味があるのです。

木村 先生は家庭科の松木先生と共に，夏休み明けの９月になって２年生の技術・家庭科の実習で料理をすることにしました。アジをさばいてその一方で，炊き込みご飯をつくることを男女で一緒になって行うというものです。

　今やテレビの放送番組でも，料理スタッフとして男性が仕切ってやっている番組はあちらこちらにあります。そんなこともあって，男子生徒も料理実習に興味津々でした。魚のさばき方も見本があるものの，中にはとても手慣れたやり方でさばく男子生徒もいるのです。もちろん男子生徒の中には，手を引いて参加しようとしない生徒，ただみんながやるのを見ているだけの生徒もいます。しかし，木村先生も松木先生も無理やりやらせようとはしませんでした。彼らが自分からやる気になってこその料理実習であると決めていたからです。

家庭 科室の壁面には，金子みすゞさんの「大漁」が掲げてあります。私たちは他の生き物の命をいただきながら，自分の命をつないでいることを忘れないためです。

　２時間の実習のうち，約１時間半で炊き込みご飯が出来上がり，アジの開きも焼き上がり，会食の時間になりました。食後は料理道具と食器を洗剤で洗い，出たゴミの始末をして実習は終わりになりました。

　木村先生は生徒たちに「実習をやってみてどうだったか」，会食のあとでみんなで語り合う時間を取りました。「男子の器用さに驚いた」「命をいただくことがなんだかかわいそうになったけれど，私たちはいろんな生き物の命をいただいて生きていくことができることを実感しました」「今度一度夕飯の支度を自分がして，家族に食べてもらおうと思うようになった」と男子生徒の声も弾んでいます。

その後 の実習の時間には，今度は本箱を作ることにしました。今度は女子がどこまでがんばることができるか，松木先生は興味深く見ていました。木村先生のリードのもと，女子もノコギリを引くことに挑戦しました。実習作業着に着替えての取り組みです。みんながんばってやっています。なんだかとても新鮮な雰囲気が漂っています。カンナを引くこともなんとかがんばっています。女子が主役のような実習でしたが，とてもみんなやる気に満ちていました。

男女 共習の学び合いは果たしてうまく成立するかなと案じていた2人の先生も予想以上の納得感を得られる実習になりました。案じるよりも産むが易しです。将来の家庭生活につながることを思うと技術・家庭科のこの実践は意義深いものになっていったのでした。

無駄の中に真実がある

前川 校長は，異動で街中の学校から郊外の大規模小学校に移りました。昔からの農村風景の残るところが各所に見られます。この前川先生の新しく赴任した学校は，地域の小学校という色合いを強く残していました。

　そんなこともあってか，小学校の子どもたちもまた中学校の生徒たちも「地域学習」という名のもとに環境美化活動に力を入れており，年間活動計画の中に位置づけられています。

　とくに学校の西側を流れる太田川の環境美化活動は，年2回春と秋に行われています。それも日曜日に行うのです。前川先生の赴任した時は，その活動はまったくの奉仕活動の位置づけであり，子どもたちも参加できるということで，年間活動計画にあったものの，やや消極的な位置づけになっていました。

　「それはもったいないことだ」前川先生は直感的に思ったのです。「ど
うせ行うならば学校の活動の一環として，授業日の振り替えで行い，子
どもたちも全員参加で行うことにしたい」というのが，前川先生の希望
でした。「環境美化活動日」として川の清掃活動，小魚の放流活動，写
生大会，お母さん方やお父さん方の奉仕での親子一緒のおにぎり弁当を
食する会を入れて計画を見直し，当日は雑草博士，お魚名人を招いての
イベントにしたのです。

前川　先生の提案は校内の教師たちにはやや不満顔で迎えられました。
「ただでさえ，あれやこれやと忙しく雑用の多い中で，このよ
うなイベントは負担感が大きい」というのが，大方の意見でした。それ
でも前川先生は「地域の中で生き，地域で育つ子どもたち」というテー
マのイベントの取り組みは意義深いものになるから，なんとかみなさん
には協力してもらいたいということで教師たちも渋々参加することにな
りました。

実際　そのイベントを行ってみると，予想以上に子どもたちの新鮮な
感動がイベント後の作文などに現れていました。
　素足で川に入り小魚などをすくい取り，自分のバケツに入れる子ども
の満足そうな表情。
　川の中に不法投棄の残物があちらこちらにあり，片づける地域の人や
高学年の活動は，その後も頼りになる活動になっていったのでした。
　写生大会では風景を描くというよりも雑草を線画で描く子ども，水の
流れをクレヨンで描く子どもなど，普段には見られない光景がありまし
た。
　「地域の中で生きる」ことには，とくに高齢者の大きな賛同を得ました。
「子どもたちがふるさとを愛する，ふるさとを忘れない，この活動（イ

ベント）が，「この地域の将来を象徴する」と格別好意的な目で応援して
くださったのでした。

初めは反対であったり活動に消極的であったりした教職員たちも，
予想以上の反響に「環境美化活動日」として，受け入れざるを
得なくなっていったのです。

　「何も机で座学をすることが，勉強のすべてではない」という前川校長
の思いは，予想以上の活動の成果を得て，秋の活動日の取り組みを含め
て，地域学習として常時活動へと移行する雰囲気が膨らんでいきました。
地域の方々も活動日だけではなく，「大人が不法投棄をするような町に
してはならん」「川をきれいにしてこそ，ふるさとだ」と土地改良区の
活動も巻き込みながら，小中と一体になっての日常的な地域活動になっ
ていったのでした。

　「みんなの希望の象徴である川や田んぼの畦道で，野草を採集し，この
町の風景が好きになる」子どもが育つことを地域のみなさんと共に念願
し，それがこの地域に根付くことを前川校長は心から期待しているので
した。

4 共に歩く中で希望をつむぐ

（1） 弱点は長所

実感的なわかり方と論理的な学びの狭間

学校 現場の現実は，そんなに甘いものではありません。逡巡する日々に明け暮れることもしばしばあります。私も13年間校長職に身を置き逡巡することしばしばでしたが，その日々は今にして思えば，実にやりがいのあった有意義な時間であったと振り返ることができます。

　しかし，その場その時の自分は，まさに悪戦苦闘の日々であったと思います。

初めて 私が校長職に身を置いたのは，教頭職からの職務転換でした。慣れた職場環境であったことが，救いでした。その年は前年度からの市指定の研究発表校として実践発表の年度であったのです。教頭職の時から校内の授業実践にそれなりのかかわりを持っていたので，そんなに苦労もなく，進めることができました。

　実践教科は，低学年（1，2年）は生活科，3年からは社会科と理科を取り上げて，「実感的なわかり方をめざす授業法への挑戦」ということで前年度から取り組んできました。「実感的＝感性的なわかり方」をめざすことに力点を置いての実践活動です。「五感で感じたこと」を互

83

いに語り合いながら学ぶ「学習」ということです。

　低学年は「遊びも学習のうち」をモットーに、とにかく活動に重きを置いての授業です。田植えをしたり、野菜栽培をしたりして、自分たちで収穫までこぎつけるのです。その中で子どもたちは虫に食われたり稲に病気が出たりして悪戦苦闘です。不思議なことに、悪戦苦闘を多く体験すればするほど、子どもたちは学びを深めていきました。野菜を収穫して、近くの青空市場に「おじさん、これ売れないかなあ」と持っていくと「そんなもん、とても売り物にならん！」と一括されてしょぼんと学校に帰る始末に、担任ともどもがっかりして、「どうやったら、売り物になるか」を模索する子どもたちだったのです。

　実はここにこそ「学習」があると、私は思いました。そして、「いいぞいいぞ、がんばれ！」とネジを巻いたのです。

　中学年は、「ゴミ問題」を取り上げたり、ひまわりやホウセンカを栽培してその共通点と差異点を追究する学習をしたりして、学んでいきました。

　高学年は、地域開発で戦後の荒れた土地を開発し、農地にした人々の苦労や願いを今の状況から推測したり実際に開拓の模擬授業をしたりしました。リヤカーで肥え桶を運ぶ体験をしながら戦後の農業の過酷な労働条件を身に染みて実感するのでした。

　日本の歴史の学習では、近くの梅坪遺跡が弥生時代の環濠集落であることを実際に目で見、地域の発掘現場に行き、発掘を体験する中で日本の歴史を実感することも大きな学びになっていきました。

しかし，その一方で「実感的なわかり方」はともかく算数や国語の学びにある「論理的な学び」をおろそかにしているという不安もあったことは事実です。そんなこともあって、実感的なわかり方で鍛えた「話し合い・聴き合い」の授業でのコミュニケーション力を生

かして，手を抜かない算数や国語の授業に教師たちは自己反省しながらも挑戦してくれました。私はその姿勢に大変心打たれ，「ほんとうにみんなの知恵と努力が集まった学校経営になってきたことを大変うれしくありがたく思います」と機会をとらえてお礼を言いながら，私自身も学級を借りて国語の授業や社会科の授業を実践していきました。

　私は校長職であるからと言って「あなた方やる人，私やらせる人」という意識は毛頭ありません。一緒になって苦楽を共にしてこその学校経営です。

それでも苦労は絶えません。失敗ばかりの学校経営だと自己反省する日々でしたが，教職員一丸になっての取り組みは研究発表会だけではなく，職員室だより「あじさい」に教職員の実践記録が蓄積されていったことにより，次第に市内の学校からも研究発表会だけではなく，普通の日に参観者が来てくれるようになったのです。

　しかし，教育委員会の教育長はそんな取り組みを快く思ってはいませんでした。「前田校長さん，あなたの学校だけの取り組みにしているのはいいけれど，市内の教職員があなたの学校を参観するのはあまり好ましいことではない」とクレームがついたのです。

　「それはどういうことでしょうか」と尋ねると，教育長は「今多くの学校では学級崩壊や非行問題で苦労をしている。そんな中で市内の教師たちが学校を空けてあなたの学校に行くことは，よろしくない」と言われたのです。

　私はそれなりに意見を申し上げたものの許しを得ることができませんでした。そんなことで，「実感的なわかり方をめざす授業法への挑戦」は，とん挫してしまったのです。市教委という権力には勝てません。無念の思いで帰校したのでした。

暗闇に灯をともす

市指定 の研究発表会は大勢の参観者に支持されて、それなりに悦に入っていたのは不覚なことでした。しかし、私は教師たちに教育長の言をそのまま伝えることを躊躇しました。私は思案しました。なんとか今のこの学校の教職員の学びの勢いを継続することはできないかと。

とにかく今のこの学校の教師たちはやる気になっています。それを継続することができないのではがっかりすることでしょう。無念な思いで、私は教師たちに語りました。

「みんなは3年間よくぞ実践活動をしてきてくれましたね。大きな学びができたはずです。市内の先生方からも高く評価されました。問題はこの後です」

「私が思うに、みなさんは実践力を高めてきたと思います。だから、これからは、『実感的なわかり方』の研究方向にしばられることなく、自らの実践テーマを構想して学ぶという『一人一参加の研究実践』を提案したいなと思うのですね。それは自分で研究テーマを掲げて自分なりの追究をすることです。また先進校を参観して自分の腕を磨くこともありです。自主研の会に参加していくのもいいでしょう」

「とにかく学校一丸を前提にしながらも、それぞれの先生方のやりたいことについて、腕を磨く方向に舵を切りたいなと思います」

私は そんなことを現職研修の場でみなさんに語りました。それが暗闇に灯をともす営みになっていくと思ったのです。教師たちは私の提言をそんなに違和感なく受け入れてくれました。私はほっとすると同時に、これからは一人ひとりの先生方が自らのテーマを掘り起こしていくことを支援しなくてはならないなと思ったことでした。

実際， 教師たちは「羽ばたくこと」に意欲を示してくれました。それぞれのテーマを探しながら校内での実践と結び付けて私の想像以上に研究的な動きをしていったのです。県の教育論文に応募して優秀賞を受賞した養護教諭の先生。自主研に参加して自分の実践をみなさんに吟味してもらい教育文化賞を受けた若手教師。富山の堀川小や奈良の帝塚山小へと参観希望して，これまでの本校でやってきたことをさらに深化させようとがんばる研究主任のがんばりなど，それぞれの精進は私の予想を超えて発展していきました。

「一人ひとりの教師たちの自立と研鑽」は，なんとか継続して一人ひとりの教師の中に息づいていったのでした。

急がなくてもいい，ゆっくりでいい

公立 の学校の宿命です。年度末には異動があります。年が経つにつれて私の学校も，教育委員会の辞令で異動していった教師が多くなりました。せっかく育ってこれからという時に異動です。がっかりですが仕方ないことです。その教師の栄転人事ならばなおさら喜んで送り出してあげなくてはなりません。出世だけがすべてではありませんが，それでもがんばっている教師が人並みに立場を与えられることを願って，私もかつて先輩がそうして送り出してくれたように，積極的に市教委に働きかけていきました。

新しく この学校に赴任してきた教師たちは，この学校に馴染むまでに時間がかかります。なんとなく閉鎖的な空気を感じるようです。そんなことをしているつもりではなくても，外部から来るとそう感じてしまうこともあるようです。そういう時に学校の様々な経営状況にひびが入ります。

そんな異動の中で男性教師と女性教師の2人が私には気になる存在
でした。2人とも前任校ではやや問題教師であるとレッテルを貼られて
いたのです。「出て行ってくれてせいせいした」というのが，前任校の
校長の言でした。

　「あなたには申し訳ないですが頑固なんですよ。やる気はあるみたい
ですが私は非力で彼を生かすことができませんでした」

　厄介な人事になったものだなと思いましたが仕方ないことです。

　私は2人の教師と別々の機会に校長室に来てもらって懇談しました。
2人とも多くを語りませんでしたが，「この学校は研究実践校として市
内に名をはせていることはよく知っています。間に合うような力量もあ
りませんが，よろしくお願いします」というのが2人の言葉でした。

　「いや，あなたも前任校でがんばっていたということですから，まあ
ゆっくり体を慣らしながらやってくださいね」と私も言葉を返したこと
でした。

やはり　前任校の校長の言の通り彼らは校内の取り組みにどちらか
と言うと批判的な言動をしているようでした。

　「あんなやり方をしていては，学校が荒れるかもしれない」「子どもた
ちが活躍する授業は求めるところだけれど，しゃべっていればいいとい
うものではない」などと，若手教師たちに語っているというのでした。

　仲間に入り切れないイライラ感をぶつけているようにも見えました。
私はあわててはならないと思って，しばらくは彼らの言動を放置してい
ました。「慣れていないから仕方のないことだ」と。それよりも何より
もなんとか彼らのよさを見つけていくことが先決だと私は自分に言い聴
かせていました。人間，肯定的な見方をされるとうれしいものです。

　そんなことで校内を巡り今まで通りに授業参観をしている中で，彼ら
の授業も参観する機会をつくりました。彼らは私が教室に入ると明らか

に緊張した様子を示しています。それまでのしゃべり続けている授業から一転，子どもに考えさせる授業に転換するのです。それはぎこちない振る舞いにも見えましたが私はなるべくニコニコとして空いた椅子に座って参観したのです。

そして夕刻になると2人の教師は私のところに来て，口を揃えて「きょうはありがとうございました。ご指導をお願いします」と言うのです。私は「今までそんなことをしたこともあまりないから，あまり緊張感を持って受け止めなくてもいいですよ」と笑顔で返したことでした。

それでも彼らは「いやダメなんですよ。なかなかこの学校の雰囲気に馴染めなくて……」とこぼします。「いや大丈夫大丈夫，焦らなくてもいいから，まあ，あなた方のやりたいことを大切にして取り組んでくだされ ばいいのです」と私は応援しているよという言葉を添えて話したことでした。

私は いろいろ指摘したいことはあっても，それを表情に出さないと心に決めていました。彼らが自ら求めてこの学校の一員になるよう動き始めるのを，辛抱強く待つことにしたのです。

ここで「演じる校長になること」の大切さを何度も自分に言い聴かせて私はなんとか学校づくりに励んだのでした。でこぼこ道は相変わらずでこぼこ道のままでしたが，明るい日射しを感じることも少しずつ出てきた学校生活でした。

(2) あきらめず，粘り強く歩くことを教える

やけくそになるな！ 空を見ろ！

黒田 節子先生のモットーは，「何事も挑戦だ！　やけくそになって，あきらめるな！」ということでした。

40代になったばかりの彼女はいつもいつも難儀な学級を担任するように仕組まれていました。ほんとうにそれは学校中の先生方のみんなが認めるところでした。校長先生もとても頼りにしています。

「黒田さんほんとうに申し訳ない。みんなみんなあなたに委ねてしまって……」が，校長先生の口癖になっている状況であったのです。

「いいですよ，私でよかったら……まあ私もそんなに知恵があるわけではありませんが，なんとか子どもたちとも仲良くなって過ごしますから」

黒田先生は笑って言います。

その 年度は4年生の子どもたちを受け持つことになりました。前年度若手の教師が担任したのですが，ガタガタになってしまって，学級崩壊状態になったのです。2つの学級を解体して新しく編成し直したものの難儀な子どもたちは結局黒田先生の学級に集められました。もう一方の学級の担任の若手男性教師は，「ほんとうにごめんなさい。ぼくでは手に負えないでしょうから，またまた黒田先生に負担を負わせることになるかもしれません……ほんとうにほんとうにごめんなさい」と詫びるばかりでした。

黒田先生は，「いいのよ，大丈夫だから，私は私のやり方で仕切るから……」と笑顔でスタートした新年度でした。

そうは言ったものの，やはり朝授業が始まる前に教室に行くと，もういさかいが起きていることもしばしば。

「おや，やってるな！　がんばれよ！」

黒田先生にそう言われた子どもたちはキョトンとして争いを止めてしまいます。

「もっとやればいいのに……どうしたの？」

黒田先生の笑顔でのそんな口調に子どもたちもあっけに取られて,「先生にそんなことを言われて馬鹿らしくなった」と止めてしまうのでした。

授業 が始まります。子どもたちの中には,教科書やノートどころか筆入れも忘れてくる子どもがいます。それも1人や2人ではありません。そんなことになっても,黒田先生はあわてません。

「悲しいなあ。学校は勉強をするところなんだけど……」と言いながらあらかじめ用意してある教科書や鉛筆をその子らに貸し出すのです。

ただそんな時黒田先生は黙って貸し出すことはしません。子どもたちに「借りた時は何て言うの？」と言います。

「ありがとうございます」

「そう,そうなんだよね。ちゃんと言えたね。だったら貸します」と言って黒田先生はニコニコと手渡します。

授業中も一部の子どもたちは無駄口をしたり,ある子どもは寝ていたりします。授業に関係のない遊び道具を出して弄んでいる子どももいます。それでも黒田先生は滅多に怒りません。

「先生の言うことを聴いて勉強している人は必ず幸せになるんだからね。だから遊びたい子は席から離れて廊下で遊んでおいで」「眠たい子は寝てもいいから人の邪魔にならないようにしようね」と言います。

中にはほんとうに廊下に出ていって遊んでいる子どももいます。でも黒田先生の授業はおもしろいのですね。教室で笑い声が起きたり,みんなの真剣ながんばり（学び合い）の声が聴こえてきたりするものだから,何事かと教室に戻ってくる子どももいます。

「何だあ,戻ってきたのか」黒田先生は笑顔です。

授業中みんながやる気にならない時に「今から屋上に行こうか」と言って子どもたちを連れ出して屋上に上がります。街中が眼下に広がって

います。子どもたちは「わあー，すごーい！」と歓声をあげます。「みんな空を見てごらん。空は広いよ。あんな青空のような中に雲が浮かんでいるでしょ。ゆったりとゆったりと浮かんでいるでしょ。みんな見ていてどう思うかなあ」

　子どもたちはそんな先生の言葉に「心が涼しくなる」「心がゆっくり動く」「怠けていては恥ずかしいと思う」「教室に戻って勉強したい」などなど口々に言うのでした。

　「そうか，みんなの心を洗濯してくれたね。心がすっきりした人から教室に戻ろうか」と黒田先生。みんなはぞろぞろと教室に戻るのでした。腕白坊主たちも一緒です。そうしてまた授業を続けるのでした。

そんな
黒田先生の学級を授業参観で訪れたのは秋口になった９月の下旬でした。「前田先生，びっくりしないでくださいね。まだまだ落ち着かない状態ですから」メールでそんなことを私に送ってきたのですが，実際に行って参観するとこれが様変わりしているのです。規律がいつの間にか学級を支配している状況になっているではありませんか。

　国語の音読をする時もちゃんとみんなバラバラ読みをしています。声に表情が出ています。そして，話し合い・聴き合いをする時も，「アイコンタクト」をきちんとしているのです。「ごんぎつね」の授業は子どもたちに悲しみを重く伝える授業になっていました。

授業後
の協議会でもみなさんから賛辞の声が多く寄せられています。「黒田マジック健在！」と同僚のみなさんが異口同音に言うのでした。私もそんな苦労の時期のことをあまり知らないものですから，黒田先生の「苦労は多いけれど，できる子やれる子を相手にする学級経営よりもやりがいがありますよ」の声に，ただただ「そうか，

黒田先生の教師としてのやりがいを生み出している子どもたちか」と感嘆するばかりでした。

　子どもたちを目覚めさせ希望を持たせる授業，遊んでいるのが馬鹿らしくなる仕掛け方，ほんとうに大らかな心で子どもたちの心をよみがえらせている黒田マジック健在！　と私は思いながら学校を後にしたのでした。

孤独も大事。ためる時だ！

小沢　義之先生は不登校の子どもたちが通う教室担当の教師です。市内の多くの学校から，地元の学校に行けなくなった子どもたちが保護者に連れられて通学してくることが多いのです。市内の特別な施設ですが，小さな体育館も併設されていて，給食も配達されます。小沢先生以外に10数名の教師が入れ替わり担当しています。小沢学級は中学生の子どもたちが6名在籍しています。男子が4名，女子が2名です。みんな中学2年生になっています。

　「おはようございます」「おはようございます」「みんなよく来たねえ。元気か」「まあまあ元気です」中には言葉が出てこない生徒もいますが，小沢先生はそんなことは気にしていません。

そんな　小沢学級に1人の女子生徒が入ってくることになりました。
　　　　　　「えっ，新しくこの教室に来るのか」

　もともといる生徒たちはなんだか新鮮な顔つきで出迎える準備をします。小沢先生はそんな生徒たちに「みんなはこの教室に来る時にどんな気持ちで来たのか」と尋ねました。

　「怖かったあ」「自分はダメだと思っていた」「行きたくないなと思ったけれどお母さんに頼むで行ってくれと言われて来た」など口々にこの

教室に来た時のことを言うのでした。

「そうして来てみてどうだったかなあ」の小沢先生の次の質問に，「こわかったけれど来てよかった」「勉強が少しできるようになった」「誕生日会を開いてくれて，こんなこと初めてだったので恥ずかしかったけれど思い出になっている」「体育館でボール遊びをすることをたのしみにしている」などの返事が戻ってきました。

「今度来る子もきっと不安いっぱいでいると思うけれどみんなのやさしさが伝わるような歓迎会をしたいね」と小沢先生は笑顔いっぱいで言うのでした。

でも 新しく来る子は約束の日に来ませんでした。みんなはたのしみに待っていたのに肩透かしを食った感じです。

それでも「わかるーう。ほんとうにその子の気持ちがわかる」「大丈夫なんて言える自分でなかったからなあ」とみんな同情的です。中には「家の中で孤独になって一人で過ごしているのが一番心が休まるようなんだけれど，やっぱり学校に行けないということが怖かったなあ」と自分と重ねて言う子もいました。

小沢先生はそんな子どもたちに一度も「またおいでよ」とか「明日も休まずに来てね」とは言いません。

それ は，小沢先生には，かつて自分も高校生の時に不登校になった体験があるからです。それは辛い日々の回顧でした。そんな自分を救ってくれたのは父親の存在でした。父親は「孤独も大事な勉強だ」と決して小沢少年の心を逆なでするようなことを言いませんでした。

「孤独も大事な勉強だ」の意味は小沢少年にはすぐにわかりませんでしたが，時が経つにつれてそれが何であるかが少しずつ見えてきたと言います。小沢少年は不登校になってもしていたことがありました。それ

94

は日記を書くことです。

　毎日がおもしろくない，怖いような，置いていかれるような焦りとどうにでもなれという反発した気持ちが入り乱れて頭は混乱状態に。それでも日記を書くことは続けたのです。そうしている中で「今は自分を休ませる時間だ」と落ち着いて思えるようになったのは，1年が過ぎようとしている頃でした。今にして思えば，小沢少年には必要不可欠な時間であったと思えるのです。それから小沢少年は一念発起して教育大へ進学したのでした。そんなこともあって，小沢先生は不登校の子どもたちがいる施設を希望して赴任したのでした。

「休む

　ことは無駄ではない。心と体の洗濯だ」が小沢先生の口癖です。だから受け持っている生徒たちに焦りや不安はありません。みんなたのしみに来ています。また地元の中学校に行く気はありません。

　「小沢先生の教室で学ぶことができて……たのしい」

　「数学は苦手だけれど，この教室ではそんなことを悪く言う人もいないので安心だ」

　「小沢先生が今はゆっくり勉強や運動をして，それで自分をためる時だと教えてくれたので，とても心が落ち着いている」

とみんなはこの教室に来た頃とは違い格段によくしゃべり，よく語らい，よく遊ぶようになっているのでした。

　そうして，みんなは新しく来る子がいたら「きっとこの教室が好きになると思う」「小沢先生と一緒に勉強するようになると安心すると思う」と言うのでした。

止まって休む。あきらめない自分になる

私の

中学時代に戻ります。3年生の同じクラスに倉橋君がいました。ひと際体がデカくて野球部のピッチャーをしていました。ピッチャーで4番です。まさに野球部を背負っていました。そんな倉橋君が他校との練習試合中に体に違和感を感じました。5月の暑い日でした。なんだか投げていても体に力が入りません。ボコボコに打たれてしまう出来の悪さです。「おかしいなあ，倉橋君どうしたのかなあ」私はベンチでそわそわしながら，コテンパンに打たれて降板する倉橋君を心配していました。

帰りがけ倉橋君に「きょうは調子が悪かったけれど，どこか体の調子が悪いのかい」と問いかけました。「うん」と彼。しばらくして，「この頃寝ているとひどい寝汗をかくんだ」そうつぶやいたのです。「寝汗を？……それはまたいけんことだな」と私。

「一度病院へ行ったらどうなの。何か原因があるかもしれないから」倉橋君も「そうだな，一度病院へ行こうかな」とくぐもった声で答えるのでした。

それ

からしばらくして，倉橋君は学校を休んで病院へ行きました。思わぬ結果が出ました。それは結核に感染しているということでした。野球どころではありません。担任の本多先生の報告によると倉橋君は3年生になってから微熱が続いていました。それで体に力が入らなくなり食欲もあんなに大食漢であった彼が食べられなくなってきたということなのでした。倉橋君はしばらく学校を休んで療養生活に入るとのことでした。それは6月も終わりを迎える頃でした。

みんなは「へえーあんなに元気だった倉橋君が……」「結核って長引くだろうなあ」「今はペニシリンという薬があるから，それを注射するらしいよ」「彼のことだからきっと元気になって戻ってくるよ」とそれぞれ勝手なことを交えながら倉橋君の話題でもちきりになりました。

　あまりに長く休むのでみんなの関心も薄れてきていました。どうやらそんなにも簡単には快癒しないらしいのです。結核ということでお見舞いにも行けないらしいのです。本多先生からの聴き伝えの話では病床で勉強をしているようです。秋が深まってきましたが倉橋君が学校へ来ることはありませんでした。

倉橋　君には夢がありました。それは大学へ行くことです。私のような農家の長男に生まれた子どもはせいぜい農業高校に行くことが当たり前になっていました。倉橋君は次男です。そんなこともあって「農業の後継ぎへの道はオレにはない」と言っていました。彼は，高校は普通科を希望していました。

　本多先生も彼のことをほんとうに心配していました。なんとか快癒しないものかと案じる日々が続いたのです。しかし，結局は彼は長期間休んだということで，自分たちと一緒に卒業できない状況になったのです。校長先生も心を痛めていると噂に聴いている私たちです。

　「一緒に卒業できないのか。残念だなあ」みんなは倉橋君の留年に心を痛めました。みんなで励ましの手紙を書くことも考えましたがそれよりも千羽鶴を折りたいという女子生徒の希望でそれに手紙を付けて自宅に届けたのでした。

それ　からしばらくして倉橋君からの手紙が学校に届きました。
　　　　そこには，「みんなと一緒に卒業できないのは悔しいけれど，オレはあきらめない。長い人生でのこの時間がもったいない気もするがオレは病気を治して人生に挑戦したい」「必ず治ってみせる。みんなありがとう。どうか卒業しても仲間でいてくれ！　オレも後から追いかけていくから」「今は夢を見ているような日々だ。悔しいけれどトコトン休んで絶対に治すから」とありました。

私たちは倉橋君の，病気でありながら病気に負けていない手紙の文面に心を打たれたのです。

彼は その後，半年を経て退院しました。そんな彼を，私たち友人は家に訪ねました。

　「ありがとう。みんなに感謝だ。少し遅れてしまったけれど，療養している間にはいろいろ考えたなあ。なんだか今までオレは人生を粗末にしていたような気がする。だからこれは神が与えた試練だと思ってベッドに寝ていたなあ。でもお陰でいろいろ考えることもできた。大学で何をやりたいかも今はみんなに話せないがオレの中には確かに息づいている。結核はオレに試練を与えたが無駄な試練ではなかった」

　倉橋君は，同じ年齢でありながらこの1年でずいぶん心を成長させたなあというのが訪問に行ったみんなの思いでした。

　「人生に余分なことはない。試練も大事な勉強だ。明日に向けて地味でもいいから確かに生きていく自分でありたい」

　そんな倉橋君が大学へ進学したことを聴いたのは3年後の春でした。

（3）　仲間と共に生きがい見つけ

世の中は独りでは歩けない

「世の 中は独りでは歩けない」と石口先生はこの頃自分の歩みを振り返りながら思うのです。石口先生は小学校に勤務していた頃，まだ若かったせいか，何事にも積極的に挑む男性教師でした。高学年の担任ばかりをしていたまだ20代の後半，若さに任せて何事にも果敢に挑むことをモットーにしていました。

　難儀な学級を任されてもそんなことは，「なんとかなる！」と気合い

で乗り切るところが彼の持ち味でした。実際に彼が担任するとどういうことか，見事に子どもたちが石口先生のやる気と人柄に魅了されて，洗脳されたように様変わりしていくのです。

ところが　ある年のこと，またまた石口先生は学級がうまくいっていない子どもたちの担任になりました。「なんとかなるさ！」が石口先生の持ち味。「本気でやれば，なんとかなる！」そういう姿勢で石口先生は担任をスタートしたのです。

　ところが，その年の子どもたちは違っていました。なんとも石口先生の気合いが通用しないのです。どうしてなのか，石口先生は思案しますが，なんだか壁が厚いのです。とにかく子どもたちのやる気がない……いややる気がないというよりも薄ら笑いを浮かべて教室にいる子どもたちなのです。石口先生の気合いを入れた掛け声も空回りする始末に。

　「どういう奴らだ！」「この冷ややかな目つきはなんだ！」「しらっとしたこの空気感が嫌だな」と思うことしきりです。それが特定の子どもによる影響や感化であるのなら，その子どもと対峙していけばいいのですが，それもあまり見えません。石口先生は焦りを感じ始めていました。

「石口　先生，手を焼いているな」と主任の佐藤先生がこの頃の石口先生の鬱屈した顔つきを見て声をかけてくれました。

　「そうなんですよ，子どもたちがなんともしらっとしていて無反応なんです。今まで出会ってきた奴らと違ってこちらの手だてが通用しないのです。まったく焦りますね。どうしてなんでしょうか」

　さすがの石口先生も佐藤先生にいつもは見せない弱気な面をさらけ出している始末でした。

　「オレが思うに今どきの子どもたちは，何ともやる気のエネルギーを持たないでただそこにいるだけの子どもが多くなったように思うのだ

な」

　佐藤先生も石口先生の心境を察知したかのごとく，そんなことを口にしました。

　「実際に子どもたちの表情や日頃の振る舞いに格別違和感があるわけではないけれど，人生をあきらめていると言ったら年寄り臭いけれど，彼らにエネルギーがみなぎっていないのだな。腕白であれば，まだ取り付く島があるのに……」

　佐藤先生は石口先生に同情的な視線を送りながら語るのでした。「みんなみんな絆を深く強めていくことが大切なことだと，実際の活動の中で教えていくことが大事なことだと思う。オレもがんばろうと思うから一緒にやろうや」

　佐藤先生の言葉に石口先生もほっとするのでした。

　石口先生はそれから努めて「みんなで一緒にがんばる機会を企画して取り組むこと」に意を注ぎました。今の子どもたちは少子化で一人っ子が多いのです。それで「みんなで悪戦苦闘して」「あれやこれやと試行錯誤をして活動する」ことが少ないのです。石口先生は，佐藤先生の思いに感化されながら，悪戦苦闘や試行錯誤の中に達成感のある歓びを見つける活動に意図して取り組みました。

　その手始めに行ったことが校庭の片隅に「みんなで竪穴式住居を作ろう！」でした。校区の農家から藁や筵，竹材，建材店からいろんな木切れの材料を提供してもらうところから，始めました。

　「何て言って頼んだら，地域の農家や建材店の人たちが協力してくれるか」という作戦を立てるところからの出発です。

　「そんなことやってどうなるの？」「嫌だなあ。あまりおもしろくもないし……」そんな子どもたちの重い腰をあげさせるのに一苦労しましたが，なんとか動き出しました。

休みの日に農家や建材店を手分けして回ってお願いしました。中には軽トラックに藁をいっぱい持ってきてくれたおじさんもいて，子どもたちの冷めた顔つきも変わってきました。

子どもたちは集まった材料と昔の竪穴式住居の想像図を見て，「まずは穴を掘るんだ」「穴の中に柱を立てるんだ」「藁がまだまだ足りないからもっとお願いに行こう」「1 つだけの竪穴式住居では物足りないから，矢倉も作ろう！」と，あれやこれやと言い，少しずつ動き出していくのでした。あの冷めた顔つきの子どもたちに血が巡り始めたのです。そんな体験を今までしたことがなかった子どもたちです。休みの日にも石口先生は子どもたちと一緒にやりました。子どもたちも動き出してきたのです。それはうれしい動きでした。女の子がおにぎりを作ってきました。それを，うれしそうにみんなでほおばっています。明るい笑顔が少しずつ子どもたちに見られるようになりました。それは，石口先生を喜ばせました。

「世の中は独りでは歩けない」「いや独りで歩いてもおもしろくない」「みんなで山のような大きなことに挑戦して……それで子どもたちが，共同で動くことにやりがいを感じてくれたら……。そんな動きが今生まれようとしている」

石口先生も泥だらけになりながら，やっと子どもたちと一つになったという，そんな興奮を味わうことになっていったのでした。

「学級の中に一体感が今生まれようとしている」石口先生の中にそんな予感が膨らんでいくのでした。それは今までの石口イズムを革新する実践活動になっていったのでした。

序列よりも持ち味探し

中学校 教育の柱として，定期試験で順位を出して生徒を切磋琢磨させていくやり方が一般的に行われています。たまに新聞を見ていると「定期試験を廃止して，単元ごとにアチーブ（達成）度を確かめていくやり方をして，学校改革をしている」という記事を見ることがあります。しかし，それは新聞で大々的に取り上げられるほどですから，希少な学校であるということでしょう。多くの学校は依然順位を出して生徒を鼓舞してなんとか高校入試につながるようにしています。

順位は上位の生徒もいれば，下位の生徒もいます。いや，上位は少なく，ほとんどは下位のランクになっている生徒たちなんですね。その生徒たちはどんな気持ちで日々の生活を送っているのでしょうか。いつも下位の生徒は，もうずっと前にそんな競争主義の取り組みから離脱しているのではないでしょうか。やる気も努力も投げ出しているのが現実だと思うのです。

実際にそういう順位を出すことが，学校の教師たちにも，あまり効果がないどころか逆に生徒のやる気をなし崩し的になくしてしまうことは，わかっているはずです。ほんとうに「なんとかしたい」と思っている生徒は稀な存在に過ぎないのではないでしょうか。わかっているはずです。多くの生徒は，希望も夢もとっくの昔に放棄しているのが現実です。それどころか，自分の存在感を見せつけるために非行に走る生徒もいます。とにかく成績で認められることのない生徒は，そうでもしなければやっていられないのです。悲惨な「自己実現」です。

落合 先生は，そんな中学校の学年主任としての立場にありました。今年度も2年生の学年主任です。落合先生は3年生の学年主任も何度も経験しているのですが，3年生になると成績も滅多なことで

は大きな変化もないし，まあなんとかそれぞれの生徒の適性を見つけたり成績のよい科目にあった学校選択をしたりするしかないと思って，「とにかく大事ない状態で卒業できるよう学年経営をしていくこと」に意を注いでいました。

　ただ2年生はまだ宙ぶらりんの状況でもあります。そんなことで2年生の学年主任にはまだ「学年経営」に手の打ちようもあるというものです。この時点では生徒の学びに切迫感はあまりまだない状態なんですね。だからこそ手の打ちようでなんとか「目を覚ます生徒」も出てくる期待感があります。それでも順位を出すことは，「生徒たちには，むごい仕打ちだな」と思うことしきりでした。なんとかそれぞれの生徒を競争的な観点で順位競争に追い込むのではなく，それぞれの生徒の「自己成長度」を目安に評価できないものかと思案していました。そして，それぞれの生徒の「持ち味度」を引き出す学年経営に，他の教師たちを鼓舞して取り組もうとしていたのです。

　担任教師が，生徒たちのそれぞれの持ち味を出している分野，得意教科とか，陥没している教科とかを分析して，「その生徒の一番やる気を感じる分野，教科を見つけてやって，まずはその教科や分野に関心を高めていく方向」に取り組みました。とにかくどの子も腐らせないようにしていくのです。少しでも自信を持たせたいのです。それは言うほど簡単なことではありませんし，なかなか厳しい指導法です。

　それでも落合先生は，投げやりな生徒をなんとか軌道に乗せていくには，そんな経営しか道はないと思うのでした。塾通いをしている生徒もいますが，夕刻から遅くまでの塾でのテスト勉強もやはりやる気のない生徒には酷な行です。それよりも「少しでも好きなこと」「やる気のあること」を担任教師と二人三脚で見つけて，それを根気強くやることによって，「自分にも取り柄がある」と自覚させることでしか，

展望は開けないと思うのでした。

　実際２年生では思わぬ変化をして，やる気と「出来具合」がマッチして伸びる生徒もいました。それは多くの生徒ではありませんが，それが落合先生には，ささやかな手ごたえとしてあったのです。

　そして３年生を目前にして，「少しでも失望したり投げやりになっていたりする生徒を減らしていくこと」をめざして取り組んでいるのでした。

　「**生徒**の持ち味探し」という経営方針は，高校入試の制度が変わらない限り続く経営方針としてがんばるしかないと，あきらめ半分，希望半分で行う落合先生のギリギリの選択でした。とにかく，生徒に希望を持たせなければならなかったのです。

癒しの振る舞いで仲間と共に

　水野校長は新任校長として全校児童105名の単学級の小規模校に赴任してきました。前任校は中学校の教頭職でした。そんなこともあって「世界が一変した」思いを強くした赴任になったのです。その学校は市域とは言え，やや山間部の昔で言えばへき地校とでも言えるでしょうか。「地域の中に学校がある」まさに「おらが学校」の感を強くする環境にありました。

　「**とにかく**子どもたちの名前を早く覚えて……」それが前任校長の申し送りです。校長として校長室に泰然としている場合ではありません。それでも担任を差し置いて教室に入っていいものかを思案する水野校長です。全校教員は自分を含めて13名です。まさにファミリーな教職員構成です。

　そんな教職員の中に奥村よりみ先生という女性教師がいました。彼女は講師の身分での採用です。実はもう70代になっている教師です。彼女は同じ市内でずっと教職にありました。そして退職を一時的にしましたが，なんということか旦那さんが食道がんで逝去されてしまったのです。60代の早い別れでした。子どもたちはすでに独立して他県で生活しています。そんなこともあって一人暮らしになってしまったのです。家にいても一人です。「もう一度現場の学校に勤務できないか」との思いで市教委に申請して今の身分でこの学校に復帰したのでした。

　この奥村先生は若い頃から力量抜群の評判の教師でしたので，水野校長もよく知っていました。水野校長は「奥村先生，私は久しぶりの小学校勤務でオロオロしているよ。どうかよろしくお導きくだされ」と奥村先生に懇願したのです。「校長先生，この学校のみんなは校長先生の来られるのを待っていましたよ。だからすぐに慣れると思いますし，みんなみんながんばっていますよ」と笑顔いっぱいで歓待してくれたのです。

　「あなたがいてくれるなんて夢にも思わなかったからすごく心強いなあ。まずは1年生担任のあなたの教室で一緒に勉強させてもらうことをお願いします」

　水野校長は本気で，そう奥村先生に頭を下げました。

実際　1ヵ月も経たないうちに，この学校の内情が少しずつわかってきました。知恵袋の奥村先生の実践的なアドバイスをみんな素直に受け止めながら，がんばっていることがすごくよくわかってきたのです。

　「きょうの2時間目の国語の授業はおもしろかったなあ。子どもたちはまだ小学校に入ったばかりなのに，もうずっと奥村先生のもとで暮らしているような感じがしたよ。よくまあ短期間であんなにも子どもたちが気さくに活動しているもんだ。わたしゃ驚いたよ」

それは水野校長のお世辞でもなんでもありません。心底そう思っての言葉です。

　水野校長は2年生の河合先生の教室にもお邪魔してまた一緒に勉強します。生活科の勉強をしていました。一緒に紙芝居を作る作業を校長先生もします。担任の河合先生も初めは校長先生が一緒にいることで緊張感がありましたが，まるで担任した子どもが1人増えた感じの授業光景に，かえって癒されるような気持ちになって授業をするのでした。

春の　運動会の練習が始まると水野校長は体操着に着替えてお手伝いマンです。笑顔で「何やったらいいのかなあ」と言って気さくに登場です。また，七夕シーズンになると山の中の学校ですからあちこちに竹林がありますので，その所有者にお願いして竹をいただきます。その竹切りのお手伝いを校長先生が一緒にするのでした。用務員のおじさん顔負けの気さくで率先した校長先生の動きに，校内はまたまたはつらつとした空気に包まれるのでした。

　水野校長の振る舞いにリーダーとしての威厳はまったくないのですが，だからこそまさにリーダーだと教職員のみんなは尊敬の眼差しで校長の所作をほんとうに目を細めて見ているのでした。

　奥村先生は，「校長先生，みんな喜んでいますよ。いい校長先生でよかったと」そんな奥村先生の言葉に「私の指導者は奥村先生じゃ。だからなんでもわからんことは聴けるからいいなあと感謝しているよ」と笑顔で応えるのでした。

私が　その水野校長の学校を訪問したのは，11月末の秋も深まった時期でした。

　「よおく来てくださったなあ。ほんとうにありがとうございます。昨日から来られるのを今か今かと待っていました。きょうは指導助言をよ

ろしくお願いします」

　玄関に真っ先に出てきて水野校長は笑みいっぱいで深々と頭を下げられたのです。私はその日，3つの学級の授業を参観しました。みんなみんな水野校長イズムが浸透しているなあと感嘆するほどのがんばりが見られた授業です。奥村先生も傍からアドバイスする気満々で授業を参観しています。

　私は知りました。奥村先生が長年にわたって蓄積した卓越した技量を校内の先生方が素直に吸収していること，それを水野校長が目を細めて見ており，自らも授業をしようとがんばっていることを。

　その両輪がうまく回転して，実に親しみ深い学校づくりが行われているのです。

　「威厳など無縁な癒しの振る舞いで仲間と共に」いる水野校長が次のように言われました。

　「わたしゃ中学校でまあ毎日ストレスのドン真ん中にいて，学校を休みたいなと大きな声では言えないがそう思っていました。それがこの学校に来て，……なんというか心が洗われる毎日を送らせてもらっているのです。ほんとうにありがたいことです」

　私は，「それは校長先生の親しみ深くそれでいて，常に癒しの心でみんなと一緒に力を合わせて学校づくりをされておられるからですよ」と労をねぎらったことでした。

　山影に夕日が沈む学校を後にして，私は「水野校長はほんとうに人間味溢れるいい校長を演じておられるなあ」と思ったことでした。

強情を捨てよ，優しくなれ

学級　担任をしていると思うようにならないイライラ感を持つことがしばしばです。それが「そんなに焦っても苛立っても仕方ない

ことだ」と自分ではわかっているつもりでも，なかなか心は収まらない
のです。ほんとうに担任生活をしていると，とにかく力が入ります。な
んとかしたいと思うことがいっぱいなんですね。

角川 先生はまだ30代前半の男性教師です。教職歴11年目です。「今
年こそは心を落ち着かせて，ゆっくり歩こう」と心に決めても，
出会う子どもたちが前年度と異なるだけでかなり受容するのに時間がか
かります。いや時間がかかるだけなら，なんとかなります。そうではな
く「子ども理解」が十分になる前に子どもたちの中に事件や事故的なこ
とが起きることもしばしばだと，つい口が荒くなる角川先生でした。つ
い子どもを叱ってしまう，追い込んでしまう，イライラをぶつけるなど
の言動を慎みたいなと平生では思うのに，事態が深刻化してくると強引
さが出たり叱らなくてもいいと思っていても声が大きくなってしまった
り……それはそれは反省の連続でした。

ある 日のこと，幸子さんが泣いていました。教室に入れずにトイレ
の入り口でうずくまって泣いているのです。角川先生は職員室
から教室に向かうところでした。「どうしたのか。何かあったのか」と
彼女の肩に手を置いて穏やかな口調で尋ねても泣く声は収まりませんで
した。とにかく立ち上がらせて教室まで連れていきました。
　「何かあったのか？」角川先生は教室にいるみんなに尋ねましたが，
誰も「えっ」というような顔つきで返事がありません。「幸子さんの泣
いていることを知っていた人？」と声をかけると，誰も返事をしません。
みんな「知らないよ」という顔つきです。「友だちが泣いているのに知
らん顔をしている……みんなそんなにも冷たいのか！」と角川先生の言
動に感情が入ります。「でもさあ，知らないものなあ」とおしゃまな都
築君がみんなに同意を求めるように言います。「そうか知らんか。まあ

いい。幸子さんまた後でゆっくり聴くからとにかく席についてね」と言ってその場を終えました。

昼休み，角川先生は幸子さんに声をかけました。

「さっきのことだけど，何かあったの？　それとももう大丈夫なのかな？」と。

幸子さんは黙っていましたが，そのうち，「みんなが私のことを嫌っているようで，嫌だなあと思ったら泣けてきてしまって……」とポツリポツリと話し出しました。

「仲間外れ？　誰がしたのかな。先生に教えてくれないかな」そんな角川先生の言葉がけに，「でももういいんです。私が悪かっただけだから……」と幸子さんは口を閉ざしました。

角川 先生の指導の問題点はここにあるのです。どうしても事態を重く見て何とか解決しようと動き過ぎるのです。強引で強情に動き過ぎると言ったほうがいいのでしょうか，首を突っ込み過ぎるのですね。それが教室の空気を緊迫感のあるものにしてしまうのです。発端は小さくても事が拡大していくことになるのです。

主任の市川先生はそんな角川先生に「あまり首を突っ込まないほうがいいよ。あれもこれも教師が仕切ろうとすると事態は困難な状況になることが多々あるから……。まあ今度のことも自然解決でいいのではないかなあ」と助言するのでした。角川先生も「そうだなあ。これが自分の対応の悪いところだよな」と自己反省しつつ，何度も同じようなことを繰り返す愚かな自分を嘆くのでした。

「学級を整えようと焦らないこと」「子どもたちを指導しようと思う前に優しくしてやろうと思うこと」それは市川先生の指導の仕方から学んでいるはずです。それなのに，どうもいつも同じ墓穴を掘る角川先生は自分はなんと余裕のない指導をしている教師なのかと自虐的になるので

した。
　「強情になって指導するよりも優しくいたわってやることを最優先にすべきだ」改めて角川先生は自分を見つめ直すのでした。

5　大きく高く，そして低く羽ばたく

（1）　憧れを持って生きる

みんなみんな希望の星

佐高 先生は 50 代の男の先生です。「生涯担任教師で過ごしたい」という思いを持ち続けて今日に至っています。小柄な佐高先生は，一見おとなしい風貌の方です。

　佐高先生は主に小学校の担任をしていました。その佐高先生の日々の取り組みの中心は「作文教育」でした。それは「綴り方教室」とでも言えましょうか。とにかく子どもたちが日常の中で気づいたことや心に浮かんだことを書き記していくことを大切にしているのでした。それは算数や他の教科では見られない「その子の思いや見た景色など」を作文にしていくのです。

　「小さな虫が電球の近くで舞っています。虫が電球を突っついています。何をしているか，何度も何度も電球の明かりにぶつかってはぶつかっては挑戦しているのです。すごい羽根の音をして飛んでいるのに疲れないのか，それを繰り返しています。虫のように何度も何度も挑戦する生き方をしていくように，ぼくにがんばれと虫が教えてくれているようです」

　夜の明かりの周りに飛び交う虫から，和男さんは，虫と自分を重ねて

考えているのでしょうか。

　またある女の子の作文には，「応援しているプロ野球のチームは中日ドラゴンズです。私はお風呂の中でラジオで野球を聴いています。きょうはどうも負けそうです。仕方ないけれどピッチャーをしている選手が交代しました。打たれてしまったのです。くやしいだろうなあと思います。きっと心の中で泣いたり悔しさをぶつけていると思います」とありました。

佐高　先生は作文指導をしているものの，格別作文の書き方を指導しているわけではありません。その子の思いを吐露させて，その子の目や心に何が映っているかをたのしみに書かせているのです。

　担任している子どもたちの作文に優劣はないと佐高先生は見ています。優劣を付けるために作文にこだわっているのではないと思うのです。その子どもが日々の暮らしの中で何に心を動かされているかを見ているのです。それはやや大げさな言い方をすれば，子どもたちがある時は自分を虫に置き換えて，ある時は野球の選手に結び付けて，自分を見つめる営みをさせていると言えましょうか。いや「自分を見つめる営み」ということを子どもたちに話したこともありません。あえてそんな理屈に結び付けて考えることをしていません。

　それでも佐高先生は，子どもたちが様々な世の中のありさまから，気づいたことを自分に引き付けて作文にしていく過程がとても意義深いものであると思うのです。

多く　の子どもは自分の気づいたことを作文の中で，ある時は自分の暮らしに結び付けたり，またある時は希望や夢につなげることをしていったりするのです。それは葛藤であったり，またある時は癒しであったりする作文になって佐高先生に届けられます。

「和男さんは，虫を見ていたんだよね。それでどういうことを思ったのかなあ」

「ぼくなんかすぐに，何をやっていてもあきらめてしっかりやらんから，なんでも中途半端なんだ。だからくじけないでやることって，大変でしょ」

「そうか，虫に学んだんだね」

「いや虫には勝てんなと思ったの」

「ああ」と佐高先生は子どもの学び方に負けたなと思うのです。

子どもたちが，少し難しく言えば，自己内省的になって生活の中で学んでいくことを見るにつけ，作文指導者冥利に尽きると思うのでした。

子どもたちは「挫折」という言葉は使いませんが，それに近い心情を謳った作文をよく書いてきます。

「きょうもなんだかつまらない一日だった。誰も悪くないのに自分がボーッとして過ごしてしまった。何で自分は怠け者なんだろうかと思うけれど直らない。悔しいけれどだからいつもイライラしているんだ」

孝雄君は自分にほとほとあきれているというか，嫌気がさしているというか，そんなことを書いてきます。

そんな孝雄君がある時「先生，自分はダメかなあと思うので……なんていうか，あきらめているというか投げやりになっているというか，ほんとうに自分でも自分がよくわからないので……これではダメですよねえ」とブツブツ言ってきました。

「そんなことはないよ。そういう孝雄君の迷い道に入ったようなことをみんな体験して成長していくのではないのかなあ」と佐高先生は言うのでした。

「まあ，孝雄君の希望というか，夢をはっきりさせていく，今は大事な過程にあるのではないかと思うよ」

「ほんとうですか？　ぼくはダメだダメだと思うことが多いけれど，そんなぼくでもいいのですか」

「いいとも，大いに悩み大いに迷う，そんなことから，道が見えてくると思うよ」

「そうか，……夢や希望ははっきりと見えてくるものではないのですか。まだまだこんなだらしのない自分でもいいのですか」

「いいとも，……先生なんかいまだにそうだけれど，それをたのしむこともしているんだ。あわてないで歩こう」

孝雄君は佐高先生の言葉に少し元気をもらい，またきょうから少しでも心を込めて生活していきたいと思うのでした。

一人　ひとりの子どもが悩み苦しみ自己嫌悪に陥る，そういう体験をしてこそ，自分なりの生き方を見つける入り口に立つことが少しずつできるようになると思うのですね。佐高先生は，作文指導にこだわる自分の姿勢を貫きながら，「明日の自分の生き方をつかむみんなになってほしい」と願っているのでした。

補欠そしてマネージャーとして働く

ずっと　昔のことになりますが，バレーボールで世界に名立たる強さを示し，「東洋の魔女」と呼ばれたチームがありました。大松博文監督が率いるチームです。練習練習に明け暮れ，実に厳しい試練にさらされながら東京オリンピックで当時のソ連チームを破って金メダルを取ったチームです。

その大松監督が後に書いた記録（『おれについてこい！』講談社）の中に「灯りの下の燭台」という文章があります。その本は激しく厳しい練習に耐えて耐えて世界を制覇したチームの選手のことを記した記録で

すが，その文は正選手のことを書いたものではありません。コートに入ることもできず，補欠としてがんばった選手がいたからこそ，東洋の魔女と呼ばれるほど強くなった，そんな補欠の選手のがんばり（洗濯したり食事を作ったり，あらゆる正選手の世話をし続けた）を心から讃えた物語の記録です。

伊藤先生は中学校のバレーボール部の指導を担当していました。4月初め部活動開きを迎えるといつも伊藤先生は，この大松監督の書かれた記録物語を部員の前で読むことにしています。大松監督の練習はまさにスパルタ式の練習でその苦しさ辛さに耐えかねて崩れてしまう，そんな激しい過酷な練習です。しかし，伊藤先生の一番伝えたかったことは，そのことではありませんでした。伊藤先生は言いました。

「部活動をこれから行うが，みんなみんな正選手になれるわけではない。正選手になれた人はそれなりにやりがいもあるだろう。しかし試合の時にコートに入ることができない『灯りの下の燭台』のように，影で正選手を支えていくような辛い試練を受け止めていくみんなになるかもしれない。逃げ出したい，もうバレーボールを退部したいと思うかもしれない。それでも続けることができる人はなんとすばらしい，正選手以上の正選手ではないかと先生は思います。みんなでチームになるのです」

生徒たちはその話をじっと聴いています。同じ女子生徒のチームづくりの出発に当たり，伊藤先生は，

「みんながバレーボール部に入ってきたのは，たぶんバレーボールが好きだからだろうと思う。だから，みんなの希望が叶うようになることを願う。しかし，コートに入ることのできる人は限られている。そんな辛さがあってもみんなで一緒に苦楽を共にしていく部活動になることを願うのだ。私の言いたいことはそれだけだ」

と，一人ひとりの顔を見回しながら真剣に語るのでした。

生徒たちも真剣そのもので聴いています。バレーボールの技術を習得することが何よりも部活動のねらうところです。しかし，それ以上にこの部活動を試練として，「人間として強くたくましく，そして何よりも優しく生きる知恵とワザを学ぼう」と伊藤先生は部員になった生徒たちに語るのでした。

３年生

は夏の大会を目前にしての４月のスタートです。もうあらかた誰が正選手になるか，見えているのです。２年生でありながら，３年生を差し置いて正選手になりそうな生徒もいます。それも仕方ないのです。毎年のことながら，伊藤先生は，こんな儀式ばった機会をつくって語っても，正選手になれないことに悩み苦しむ生徒がいることに一番心を痛めているのです。

　「強いチームをつくることが目的ではない」と思いつつも試合がある以上，上をねらって戦うことは必然です。選ばれた選手はまさに明るい日射しの中にいます。しかし，正選手になれずに途中で部活動から去っていく生徒もいるのです。「試合に勝つことだけが部活動の目的ではない」と伊藤先生は思いつつもなんともやりきれない気持ちになるのでした。

そして

その年度もスタートしました。
　　　３年生の伏見さんは，２年生の時に，伊藤先生に「先生，私は部員として正選手になれないことがわかっていますが，部活動を続けてもいいですか？」と尋ねました。
　「もちろんだよ。正選手になることだけがいいのではないから」
　「私は正選手になれないけれど，コートの準備をしたりお茶を準備したり……選手のために働くことをさせてください」と申し出たのでした。
　その伏見さんに続くように，３人の生徒が３年生のチームを支えるマネージャーの役割についたのでした。４人はいつも練習日には誰よりも

早くコートに来て準備をしました。土日の練習のある日はあらかじめお茶などを用意したりオシボリを用意したり。「練習日記を記録する」ことも4人のマネージャーの仕事になります。コートの中には入らないけれど，正選手にとってはほんとうに頼りになる存在になっていきました。

　伏見さんは，他校との練習試合には先乗りして情報を入れることもありました。そうやって「みんなでつくるバレーボールチームに」を合い言葉にがんばりました。

　伊藤先生はその年の夏の大会で地区優勝を果たしたチームの労をねぎらうのに，まずは，マネージャーの世話役としてのがんばりをほんとうにほめたたえました。

　「ありがとう，ほんとうにありがとう。4名の人だけではなく補欠になれなかった他の人も，みんなすごく結束して戦ってくれた。ありがとう。心からお礼を言うよ」

伏見　さんは，大きな大会が終わったあと伊藤先生に「先生，ありがとうございました。私は1年生の部活動を選択する時にバレーボールを選んでほんとうによかったと思います。正選手になれなかったけれど，正選手以上に学ぶことができたと感謝しています」とお礼を言ったのでした。

　「いやお礼を言わなくてはならないのは，私のほうだ。あなた方4名がほんとうにいい伝統を築いてくれた。先生は感謝以外に言葉が見つからない。ほんとうにありがとう」
と生徒たちに頭を下げる伊藤先生の姿は，まさに部活動の指導者としてあるべき姿でした。

教育現場の苦悩

「教師

の仕事はブラックである」と世間の評判になっています。確かに教師の仕事には際限がないとも言えます。しかし，果たして教師の仕事だけが際限がないダラダラした状態に置かれているのでしょうか。

教師の中には学校に行けなくなる教師もいます。休職してしまう状況に追い込まれてしまうのです。子どもが思うように育たないこと，学級経営がうまくいかないこと，授業の準備などに際限なく時間をとられてしまうこと，保護者のクレームにストレスが溜まり，どうにもこうにもならなくなって，ノイローゼになってしまうことなど，事実として統計上にも出てきています。

それだけに放置しておいていい問題ではありません。そんなこともあって，勤務時間を抑制して退校時間を設定する動きもあります。また精神疾患を心配して心療内科などで治療をうける傾向も強くなってきています。

昔はなかったことですが，今では新任教諭には初任者指導員制度もあります。それなりにフォローもなされています。しかし，それも指導員の資質によって差があり，新任教諭が納得感のある育ちをするのにふさわしい環境であるかどうかについては，厳しい見方が大半です。

さらに

言えば，現場の教師たちが病欠したり産休育休に入ったりする際，人材不足で十分な後補充がなされないままに産休育休を実施せざるを得ない状況もあります。そのため校務主任や教務主任が担任代行をしなくては，学校が回っていかないという切羽詰まった状況にあります。もともと新規採用は正規教員の不足が前提になっているのです。将来の少子化状態が目前になっていることから，過剰になることを恐れて正規教員の採用を手控える教育行政の在り方が問題と言えます。教師採用に余裕がないのです。初めから足らないことを前提にし

た行政になっているのです。

私が　時々学校を訪問すると授業中でしょうか，職員室が空っぽ状態になって，電話や来客の応対もできないという厳しい現実があります。これではたとえ，一生懸命職務に専念すると言っても，初めからうまくいくわけもなく，見通しもなく学校現場が運営されていると言っても過言ではありません。管理職である校長にしても頭の痛い問題です。

とにかく　抜本的な改革を断行しない限り，道は拓けません。こればかりは教師たちのがんばりでは対応できないのです。退職した教師たちが再雇用される制度が今は定着しています。しかし，その再雇用の退職した教師たちが「学級担任をすること」を拒否します。退職後の腰掛程度の収入ですから，今更担任をすることもない，保護者対応や成績評価などの業務も厄介なことだと経験的に思っているのです。

　そんなこんなで再雇用を含めて学校に在籍する教職員の数はまあまあ確保されていても，実質的な職務の遂行には貢献していないという現実があります。行政のすることは，まさに数合わせのお役所仕事になっていると言えましょうか。

今や　とにかく文部行政の抜本的な改革が至急に断行されることが望まれます。それは現場で誠実に職務を遂行する教師たちのためにも，一日も早く執行されることを望むばかりです。

（2）　遅れ気味な子と手をつないで歩く

共に歩む旅人に

田口　先生は50代になったばかりですが，今は教頭職に就いています。その田口先生には思い出深いことがあります。

　それは40代になってから，特別支援学級の担任を体験したことでした。

　若い　頃は野球の監督として，「みんなで力を合わせる」ことに燃えていました。市内大会では優勝の常連校を率いていました。授業も大事だけれど，野球に賭ける思いはかなりのものでした。そんな田口先生に転機が訪れます。それは40代になった頃，校長から「田口先生，あなたは特別支援学級の指導をする気はないか」と打診されたのです。

　正直言って，田口先生には，特別支援教育に対する認識は皆無というほどの状態でしたので，「申し訳ありませんが，私はその道の勉強もしていないし，私自身の関心も薄いので辞退させていただきます」と即座に返事をしました。

　「ああ，そうだろうなあ。本校の特別支援学級は知的な学級と情緒の学級があるのだが，どちらもかなり難儀な子どもたちが入級しているのでなかなか厳しいかもしれないからなあ」と校長先生は，さもありなんという表情で，「無理を言ってごめんな。ただその子たちにも，その子の成長を祈る親がいるのだ。そんな親の思いを支援する学級づくりをしてもらうことで，また田口先生の生き方に新たな道が拓けるかなと思ったので……」

　校長はそう言うと「急に人事の話をして申し訳なかった」とその話を切り上げたのでした。

　田口　先生は，特別支援学級の指導を打診されたことに，「校長先生はなんでオレに言ってきたのだろうか」と思い返しては考えていました。今は数学の教師として充実しているし，野球部も自分の教師人生の生きがいになっている。まるで場違いの特別支援学級の話をなぜ

校長先生は切り出してきたのかと，反芻するのでした。

　ある時，特別支援学級の子どもたちがしているシイタケ栽培の様子を垣間見ました。裏山の山林の中に立て掛けたクヌギの木にシイタケ菌を打ち込んで，栽培活動をしているのです。大きなシイタケが育っています。それを収穫して近くの道の駅で販売してもらっているのです。特別支援学級の子どもたちは4人。2年生と1年生の男女2人ずつです。さらに，旧校舎の倉庫にあたるところでモヤシ栽培をしています。ここで栽培されたマメ科のモヤシは，道の駅でもなかなかの評判になっています。

そんな　特別支援学級の担任である倉地先生が，病気になってしまったのでした。せっかくシイタケ栽培も軌道に乗りモヤシ栽培もある程度の評判になって，道の駅で売ることが可能になったのに，倉地先生がしばらく学校現場を離れることになってしまったのです。

　「そうか，倉地先生のがんばりが実りを迎えているのでなんとか継続したいという思いで校長先生はオレに話したんだ」

　特別支援学級の4名の生徒は落ち着いていて知的な学級ですから，今，倉地先生が行っている取り組みは「子どもたちを社会的に自立させるための大事な取り組みなんだ」と田口先生は改めて思いました。

　しばらくの時が流れて，「自分はまったく未経験だけれど，一度やってみるか」と田口先生は思うようになってきていました。

「校長　先生，あれからいろいろ特別支援学級の実習の様子を見たり，子どもたちの取り組みを見たりしました。校長先生がおっしゃるなら，私でよかったらやってみます」と答える田口先生でした。

　「そうかありがとう。私としては，あなたが数学の教科から抜けるのも痛いし野球部の顧問を一時的でも降りるのは申し訳ないと思うのだが，

……それでも倉地先生の築いた今の特別支援学級の取り組みもなんとか学校中のみんなで応援して花開く活動実習にしていきたいなと思っているのです」

　こうして，田口先生は年度の途中から倉地先生に代わって特別支援学級の担任になったのです。

　こんな配置転換は異例なことです。しかし，田口先生は倉地先生に特別支援学級の運営方針や方法を教えてもらいながら，引き継いだのでした。倉地先生の「ほんとうに申し訳ないと思います。私も無念です。しかし田口先生に引き継いでもらえてほんとうに心強く思っています」の言葉に，「よし。しばらくは未知の世界で自分の新たな生き方を見つめてみよう」と田口先生は決断したのでした。

　特別支援学級の4名の生徒はみんなおっとりしていて，動作は緩慢であっても，やることは落ち着いてできます。

　田口先生は「子どもたちに今はやり方をいろいろ教えてもらっているのです」「みんなみんな優しいのです。この子たちの成長につながるように自分も精進したい」と田口先生は言うのでした。

　新たに歩むこの道は田口先生には新鮮な日々になりました。「学校現場にこんなにも人間的なかかわりをする学級があったのか」と思うこともしばしばでした。それどころか，田口先生も実習活動を一緒に行うことで，なんだか「これが生きるための一番の勉強かもしれない」と強く思うようになりました。特別支援学級の子どもたちも初めは田口先生を警戒している面もありましたが，今やそんなことは微塵もなくなりました。

　校長から機会を与えられなかったら，きっと生涯かかわることのなかった世界を垣間見た思いで田口先生は胸がいっぱいになりました。子どもたちがシイタケやモヤシを袋づめにして，道の駅に出荷する。そして，

売り上げを貯金して，みんなで新たな学級の取り組みの資金にしていく。そんな実業的な取り組みに，この子たちの社会的な自立の瞬間に立ち会わせてもらっていると思い，今まで高校受験の指導だけが教師の仕事と考えていたことが，なんだかとても薄っぺらなように思えてきたのです。

のちに，田口先生は教頭職になりました。校長から話があった時はまったく青天のヘキレキだったが，特別支援学級にかかわらせてもらったおかげで，「生きていくという自立的な活動」にかかわることができ，今の自分の教育に対する在り方の大きな力になっていることを改めて思うのでした。

「いろんな道を歩んできたからこそ，未熟で視野の狭い自分が，なんとか子どもの育ちを視野に入れた学校経営に参画できるようになってきた気がします」

田口先生は懐かしそうに回顧しながら遠くを見つめているのでした。

やけくそになることがわかる教師

永田君は父親との二人暮らしです。父親は鍛冶屋をやっています。研ぎ師です。3年生になって，吉川先生が担任になりました。吉川先生はまだ20代後半の教師です。永田君はどちらかと言うと無口で，友だちもいません。彼には前歴がありました。彼は万引きをよくするということでした。

またほとんど毎日，学校への登校は2時間目くらいで，ノソノソと教室に入ってくるのです。吉川先生は教科の先生から「きょうも永田君は途中から教室に入ってきましたよ」と報告を受けることが度々でした。それでも吉川先生は「学校へ来るだけでもいいか」と思うのです。初めのうちは，「何で遅刻になってしまうのか」と本人に問うこともありま

したが，常習化していることもあって，彼にはそれ以上に問い詰めることはありませんでした。

　永田君は言葉を巧みに話すことが苦手でした。吉川先生の問いかけにも下を向いてふて腐れていることが多いのです。たまに反応する時は「何でおればっかり怒るんだ！」とやけくそになったような言葉を吐き捨ててバタンと机をひっくり返すこともありました。言葉でうまく表現できないのか，それとも寝起きのまま学校に来たのか，イライラしているのです。

　そんな時は永田君に吉川先生は，「ちょっとおいでよ」と言って用務員の部屋に連れていきます。そして「これ食べな」と言ってパンとゆで卵を差し出しました。「そんなの食えねえよ」永田君はふて腐れた表情で受け付けません。「いや，これはオレから君へのささやかな差し入れだから，安心して食べな」と言って吉川先生は手渡すとその場をさっさと去ります。永田君は吉川先生の差し入れを無造作に食べて教室に行くのでした。

永田　君が問題児になったのは，小学校高学年の頃からでした。近くのコンビニや雑貨屋で万引きをすることで，何度も何度も担任教師や父親からも注意を受けてきました。その習癖は中学生になってからも治らないままに3年生になったのです。彼が万引きをするのは，食べ物ばかり。

　「オレが男親で何も食べ物らしいものを十分食べさせないでいるので，こんなことをしてしまいやがって……先生ごめんな。オレが店に謝ってくるから」というのが，父親のいつものパターンでした。

　永田君は日々の暮らしに夢がないのです。ただ腹が減ってしまって……どうにもならずに万引きを繰り返しているのです。いつもいつも鬱屈しているようで，イライラをぶつけて荒れることもしばしばでした。

警察沙汰になったことも度々ありました。

「何か

彼のやりがいになることを見つけてやらないと……今にとんでもないことを仕出かすかもしれない」

　吉川先生は彼のこれからの人生を思う時，彼にとってやりがいになることを見つけることが，学校に来る張り合いになると思うのでした。

　彼には1つ得意なことがありました。彼は走ることが比較的速く，体力もあるのでボール投げも得意です。走り幅跳びもクラスで一番です。それは体育の担任教師から聴いていたことでした。そんなこともあって，ある日の午後永田君と話す機会をつくりました。

　「永田君，ほかでもないが，君は体育が得意だよな。どうだろうか，何かやりたいことはないのか」

　吉川先生は彼に問いかけます。

　「別に……」彼の返事です。

　「でもさあ，この間体育の時に走り幅跳びでクラスで一番跳んだそうじゃないか」

　彼はニヤリとしています。

　「跳んだよ，それがどうした？」

　「学校の砂場は陸上部が使っているけれど，ほとんど空いているよな。そこで陸上部に入らなくてもいいから，君のペースで練習したらと思うのだが……秋には市内大会もあるしな。運がよければ出られるかもしれないし……とにかくオレは君がやりがいのあることを見つけてがんばる姿を見たいのだ」

　吉川先生は半ば懇願して言いました。

　永田君はしばらく遠い空を見ていましたが「先生がそう言うなら，やってもいいが……」と思わぬ返事をしたのです。

　「そうか，ありがとう。君ががんばっている姿を見たい」

吉川先生は永田君の手をしっかりと両手で包み込みながら，握手をしました。照れ笑いのような顔をして永田君も笑っています。

　それから永田君は授業後になると運動場の砂場をレーキでかきながら整えて，一人で跳んでは測っている光景が見られるようになってきました。休む日もありましたが，予想以上に練習をしているのです。

　登校は相変わらずですし，吉川先生の差し入れも相変わらず続いています。そんな時「ありがとう」という言葉も永田君から出るようになりました。

　やけくそになって，何も張り合いのなかった彼が夢中になることを見つけられたことに吉川先生は安堵しました。

　「これで彼が学校に来る意義がある」そう思うのでした。パッタリ万引きの事件も聴かなくなりました。父親も気づかって出前を取ったりしていました。「秋の市内大会に陸上部の一員として出られるようになるといいのだが……」それは吉川先生の永田君にかける思いでした。今日も運動場の片隅で永田君が練習している光景を吉川先生は目をうるませて眺めているのでした。

あかねの山に祈る

　「小学6年生の子どもが学校内で飛び降り死」の新聞記事を松田先生は「大変なことが起きたものだ」と驚きの心境で読み返していました。同じ市内の学校です。内容をまだしっかり把握した記事ではないので詳細はわかりませんが，とにかく死に至る事件ですから，なんとも痛ましい限りです。

　松田先生は市内の中学校の教頭職にありました。勤務している学校も

決して安穏とした状況にはありません。毎日のように事件やトラブルが頻発しています。そんなこともあって「気を引き締めてやらないといけないな。他人事とは思えん」という心境で校内を巡り，何事もなく授業が行われているか，部活動はどんなふうかを見届けることをよりいっそう注意深く行うようになったのです。

「子どもの飛び降り死」は，どうも親の虐待がからんでいるのではないかということがその後の新聞には掲載されています。ただその子は学校内でもおとなしい存在であまり担任の先生とも話すこともない，普通の子どもであったようでした。飛び降りる前の1週間のその子の行動歴も格別何も思い当たることがないと担任は言います。彼にはあまり友だちはいなかったようだとも書いている新聞もありました。

　市内では臨時の校長会議も召集されて「各校も緊張感のある取り組みを遂行すること」が，教育委員会の立場から言明されました。ただ当該校の校長は，どうも責任をとって辞職されるという噂が広がっていました。「そこまでしなくてもいい」というのが教育委員会の判断でしたが，校長の決意は固く年度途中の辞任に至ったのです。

　そしてあろうことか松田先生が後任校長として異動することになったのです。

　「えっ，ほんとですか？　よりによって私が！」「やめてくださいよ。そんな緊張感の高い学校にはあまりに荷が重すぎます」

　校長から異動を言われた松田先生は驚きと怖さで身震いしながら，「校長先生，この人事はなかったことにしてください」と言うのが精いっぱいでした。それでもすでに決まったことです。ひっくり返すことはできません。松田先生は眠れない日が続きました。10月1日の発令で松田先生は本人の意思とは別に赴任に至ったのです。

学校

は山間部に位置していました。各学年2クラスに特別支援学級2クラスでした。

松田先生は前任校長の心中を察するにあまりあることでした。引き継ぎの時にも松田先生はただただ引き継ぎの書類を受け取るだけで死に至る話は一切できませんでした。

「難儀な赴任になってしまって申し訳ありませんが，よろしくお願いします」というのが，前任校長の辞任の言葉でした。

松田先生は全職員を前にして，「みなさんのご苦労に値しない若輩者の私ですが，前任校長のおっしゃった子どもの死を無駄にしない学校にしていくことが，せめてもの私の誓いです。どうかよろしくお願いします」と挨拶をしました。

職員も緊張した面持ちで松田先生の言葉を受け止めているようでした。松田先生は言いました。

「私はこの学校の東に連なる山々が，昨日の夕刻，西日で輝いているのを拝みました。まさにあかねの山々の神々しい姿を見て胸がいっぱいになりました。私は無力で何も力にはなり得ませんが，あかねの山々に祈ることはできます。それは，力不足の私にできるささやかな祈りです」

職員は歯を食いしばって聴いているようでした。

松田

校長は校内巡視をしながら，教室の空いた椅子に座って授業に参加することを心掛けました。それは前の中学校でも行っていたことです。なるべく笑顔で教室に入ったり廊下を歩いて教師みんなと子どもたちを見守る姿勢を示しました。校長室にいる時間はあまり取りません。しかし教師たちの中には，あまりに校長が廊下を歩いたり教室の椅子に座られたりすることに，緊張感が高まり「校長先生は，やはりあまり教室に出入りしないで温かく見守ってほしい」という声が出てきました。

「そうだな。事故があったからと言って，教師たちを緊張感の坩堝に落とし込んではいけないな」と松田校長は自己反省をするのでした。それでも夕刻，手の空いていそうな先生とお茶を飲みながら雑談することを教師たちに了承してもらいました。

そんな時，西日に照らされたあかねの山々を眺めながら，「ごくろうさまだねえ。みんなプレッシャーの中で職務を遂行していく緊張感は相当なものがあるよね。とにかく責任は私がとるから，どうか気をらくにして仕事をしてほしい」と話すのが松田先生の精いっぱいの心遣いでした。

教師たちも校長の姿勢の低さに，ほっとしながら，「校長先生も辞任された校長の後を受けられて大変でしょうが，私たちも一生懸命やりますので，よろしくお願いします」と異口同音に語るのでした。

そして 半年はあっという間に過ぎていきました。

「教職員と意識を共有することは，教職員を攻めることではない。山々に祈ることだ。この神々しいあかねの山も雪をかぶっている。やがて雪が解けて春が訪れるまで，私は教職員と共に歩く。それしかできないのだ」

そんな半年を重く受け止めながらも背負った荷物をゆっくり下ろすような心境になりながら，新しい年度に向き合うのでした。

(3)　近くを見ず遠くを見る。遠くを見ずして近くを見る

こわばった頭を柔らかくする

「なんと 自分は視野が狭くて，こわばった頭の持ち主なんだろうか」加納道子先生は，ほとほと自分が嫌になるのでした。同僚

129

の先生方との議論に参加することもできますし，納得感も得てもらえます。しかし，自分が実際に担任を持って学級経営をしたり，授業実践をしたりするとなると，頑なに自分はそれなりにがんばっているのだという自己顕示欲が強く，呆れるほど視野が狭いのです。なんとも情けない限りです。

　もう40歳に近づこうとしているのに，授業でも学級経営でも若い教師に置いていかれることに，「自分は教師という仕事に向いていないのか」と焦るばかりでした。市内で行われている自主研にも参加して，自分では正直真面目にがんばっていると思うのに，それが実際の学級づくりになるとうまくいかないのです。授業も鋳型にはめたような授業はできるものの，ほんとうの意味で子どもたちが自由に学び合う授業となると，「それは私には夢のようなことだ」と，加納先生は自虐的に自分の至らなさを攻めるのです。

そんな　日々の中で，新しく教頭として赴任してきた清水先生が声をかけてくれました。清水先生は愛知教育大学附属岡崎小学校で「子どもありきの生活教育」を勉強されてきた方です。「加納先生，あなたはいろんなことに興味関心を持って勉強しているねえ。すごいじゃないか。まさに子どもありきの授業実践を模索している姿は尊いよ」と。

　加納先生は顔が赤らむのを覚えました。

　「教頭先生，逆ですよ。私はダメなんです。何をやっても，元来の性格なのか，視野が狭いというか，固いというか……とにかく教頭先生ダメなんですよ。教えてください。叱ってください」

　加納先生は早口で清水教頭に向かってしゃべったのでした。思うに，加納先生は，この際，機会があれば，教頭先生に徹底的にしごいてもらいたいと瞬間的に思ったのです。

　「教頭先生，私は授業がうまくできないのです。その土台となる学級

経営もダメなんです。だから教頭先生に教えていただきたいのです」

　忙しそうに言う加納先生の言葉に，「うれしいことを言ってくれるねえ。ぜひとも一緒に勉強したいなあ」と清水教頭は快活な笑顔で応えてくれたのでした。

なんだか　加納先生は，たまたま職員室で教頭先生に声をかけてもらって，「これが自分の成長する最後のチャンスになるかもしれない」と直感的に思ったことでした。
「今国語で『大造じいさんとがん』をやっています。教頭先生に見てもらうのは恥ずかしいですが，見ていただけますか？」
　清水教頭は加納先生の懇請に「喜んで」と笑顔で応えてくれたのでした。

翌週　の火曜日，その時間が来ました。清水教頭はいつも加納先生が座っている事務机にニコニコしながら座っています。授業の場面ははやぶさにガンの棟梁が突っ込んでいく場面を学んでいます。子どもたちは音読をみんなでしました。体を揺すってそれぞれの子どもたちが物語に浸るようにバラバラ読みをしています。そして，いよいよ子どもたちは，「この場面のどこに心を引き付けられたか」を自分のひとり調べをもとにコの字型になって語り合う時間になりました。
　子どもたちは，
「ガンの棟梁が負けん気で突っ込んでいくところが泣けてきそうだ」
「ガンは自分たちを守る棟梁の姿をどう思っていたのだろうか」
などと，それぞれの思いを語り出しました。
　加納先生はそれを聴きながら板書に加えていきます。加納先生はその日の授業ではヘタに口出しすることをやめました。そうして「なるほどねえ」「ああ，そうなんだ」と心から子どもたちの発言を受け止めていました。

授業後

の清水教頭の開口一番は，「すごいじゃないか。子どもたちの読みも深いし，何よりもあなたが子どもの発言を心地よく受け止めているよ。それはとても大事なことだ」とほめたたえてくださったのでした。

それは，加納先生になんとも言えない高揚感をもたらしました。教頭先生がほめてくれたこと。確かに「それはどういうこと？」「もう少し詳しく言ってみて」など，子どもを問い詰める癖を封印して臨んだ授業でしたから，加納先生は授業を終えた後でほっと息をついたのでした。今までどうしてもできなかった授業が少し実現したかなあ，子どもたちの語り合いを応援することができたかなあ，と思ったことでした。

「私でも少しはできた！」加納先生は満足感でいっぱいでした。何よりも清水教頭が核心をついた指摘をしてくださったことがうれしいのです。「教師は導くことにどうしても力が入りがちになるよね。でも今日は，あなたの強引さは皆無だったよ。聴き役に徹して子どもの読み取りを支援していたよ。そこがよかったなあ」と笑顔いっぱいで指導してくださったのです。

それ

からの加納先生は，せっかく清水教頭がこの学校に来られたのだから恥も外聞もなく，徹底的に自分を裸にして勉強しよう，指導してもらおうと強く強く思ったのでした。

「誰でも授業を公開して指導を受けることは緊張感もあって厳しい試練だ。それをあなたは勇気を持って今回公開してくれましたね。こわばった頭を突き抜ける精進をしているあなたに私は感動したよ」と身に余る言葉をかけてもらって，「40を目前にして脱皮が少しはできるかもしれない」と加納先生には感慨深いことでした。

加納先生は清水教頭のよきアドバイスを受けて，その年に4回の公開授業をしました。うまくいかなかったこともありましたが，今は加納先

生は「うまくいかなくて当たり前。私は子どもに導かれながら勉強しているんだ」と思えて，少しずつ少しずつ道が拓かれていく歓びを味わう1年になったのでした。

視点を変えると道が拓ける

黒柳 道彦先生は，不思議な先生です。学級経営に彼独特のこだわりがあるというか，一般教師たちが考えているやり方とは180度違うのです。多くの教師たちは「落ち着いた学級」「素直な子どもたち」にしようと取り組みます。荒れた学級にならないこと，授業中は多くの子どもたちが積極的に参加して「学びを深めていく」ことをなんとか実現しようと苦労に苦労を重ねていきます。

　ところが黒柳先生の学級には暴れん坊もいるし，おとなしい子もいるし，泣き虫もいるし……とにかく多彩な子どもたちの群衆なんですね。そんなバタバタしている学級でありながらも，黒柳先生の表情や振る舞いに悲壮感はありません。子どもが育つ過程には，悪戦苦闘があって，いじめのような事件が起きたり利己主義的な子どもの言動があったりするものだと納得しているのです。ただそうは言っても黒柳先生は，それらの事態を放置しているわけではありません。日々一生懸命子どもに向き合い，それなりに対応はしています。

黒柳 先生は，何事も不具合の起こらない学級，真面目でがんばり屋さんの子どもたちの学級であれば，それでよいとは思っていないのです。そんな絵に描いたような子どもたち・教室は「子どもが抑圧されている」「担任教師の仕切りにひれ伏している子どもたち」でしかないと思うのです。

　それぞれの子どもには「たった1つだけど命があります」「子どもた

ちには欲望やいたずら心もあります」と黒柳先生は言います。そのこと
は悪く考えると，どうにもならないほどの厄介なことでもあります。し
かし，それは子どもたち一人ひとりを見ると「一人ひとりが生きている」
という証左だと思うのです。

　だから黒柳先生の学級は他学級から見ると，いつも落ち着きがなく，
騒がしい雰囲気が漂っているように見えるのですね。ところが実際に何
かの活動を学年で行うことがあった時の黒柳学級は，突出した「がんば
り」を発揮していくのです。それには他学級の先生方だけではなく，子
どもたちもあっけにとられている状態になります。

　授業も一斉授業の学びで座学を基本にしているのが普通の学級ですが，
黒柳先生は「探検」「冒険」「泣き虫」「笑い」「真剣」「弱虫」「勇気」「知
恵袋」などなど，それぞれの子どもたちの持ち味を最大限に引き出すこ
とに意を注いでいるのですね。だから一見統率が取れていません。「わ
いわいがやがや」が教室を支配していることも多々あります。ただそれ
だけではなく，子どもたちが，しかめっ面して真剣さ，本気さをいっぱ
い出して授業をしている光景もあります。

ずっと

　以前の若い頃の黒柳先生は，そんな子どもたち，そんな学
級でいいとは思っていませんでした。やっぱり落ち着いて
真面目にがんばる学級づくりこそ，基本だと思ってがんばってきました。
しかし，どうもそれは担任の掌の上で踊ることを求めた学級づくりであ
り，子どもたちを育てるというよりも，子どもたちを手の内に入れて平
伏させることではないかと思うようになったのです。それは何度も言う
ようですが「抑圧された学級」「担任教師のお気に入りの子どもたちに
なる」ことを求めすぎた教師のエゴではないかと思うようになりました。

　「もっと子どもたちの持ち味を引き出していきたい。そのためにはど
うしたらいいのか」が，黒柳先生の大きな課題になりました。そして，

数年が過ぎてやっと，そんなイメージが少しずつ現実のものになってきました。

「とにかく」 たのしい」「誰からもバカにされないから，過ごしやすい」「自分の考えややり方をみんなに聴いてもらえるから，やりがいがある」それが今の黒柳学級の子どもたちの率直な思いです。

　もちろん，黒柳先生は「危険！」と見たら「危ない！」と感じたら急ブレーキを踏みます。しかし，それは滅多なことではしません。子どもたちには制御する力があると信じています。「視点を変えると道が拓ける」ことを実感してきた黒柳先生は，確かな手ごたえを感じながら，きょうも子どもたちと悪戦苦闘しつつも目を細めて子どもたちと共に歩んでいます。

足元にこそ希望がある

「希望」 と言えば，どこか夢を見ているようなはかない幻影を目に浮かべるでしょうか。それは雨上がりの空にうっすらとかかる虹に似て，浮かんでいたと思ったら，いつの間にか消えていたりして，何とも確かなイメージにならないままに，私たちの胸の中に去来しているようにも思えます。

加賀 良子先生の学級には，手足が不自由な徹君がいます。幼少の頃に小児麻痺を患ったこともあって，なかなか自力歩行ができず日々母親の送り迎えで登校しています。小学3年生になった徹君はみんなが外で大騒ぎして遊んでいる時，窓辺に寄り添いながら，友だちのたのしそうに遊ぶ姿を目で追っているのでした。「ぼくも走りたいなあ。みん

なとボール投げをして遊びたいなあ」と思っても現実はままなりません。

「徹君，ちょっといいかな。お手伝いをしてほしいのだけど……」

加賀先生の声に振り向くと，加賀先生が大きな袋を下げて近づいてきました。

「なんですか？　ぼくにできることなんですか」

徹君は退屈なので，加賀先生のお手伝いが自分にもできることなら，うれしいことです。

「はい，徹君の力が必要です。実はあなたも知っているように正男君が今病気で入院をしているよね。そこでこの前学級会でみんなから『お見舞いに行こう』という話が出たでしょう。それで何を持っていったらいいか，みんなで考えて千羽鶴をみんなで折って持っていくことになったよね」

「うん，なったね」

「だから３時間目の授業にみんなで千羽鶴を折ろうかなと思って……先生なんとか準備をしてきたのね。そこで徹君に班ごとに色紙を数えて配付してほしいのだけれど……やってくれるかなあ」

徹君は自分が２年生の時に小児麻痺の症状が悪化して一時的に入院したことがありました。その時にやっぱり千羽鶴をみんなからもらったこと，手紙をもらったことを思い出しました。

「あの時はうれしかったなあ。みんなのやさしさが伝わってきたから……僕は泣けてきてしまったんですよ」

徹君は動かしにくい手で返事の手紙を書いたことを思い出しています。

「そうだったの，みんなのやさしさが伝わってきたのね。きっと正男君も喜んでくれるかなあと思って，みんなで決めたことだからやろうと思って……」

徹君は先生に言われるままに，色紙を班ごとに分けて配りました。

「徹君は，みんなが外で遊んでいるのを窓辺でよく見ているよね。み

んなと遊びたいよね」

「でもさあ，みんなのように走れないもの。無理だよ。ぼくはなんで治らないのかなあといつもお母さんに言うけれど，そう言うとお母さんは悲しそうな顔をするから，今はあまり言わないことにしているよ」

やがて休み時間が終わってみんなが教室に戻ってきました。みんなは「はあはあ」と息遣いを荒くして入ってきます。

「ああ，そうだ，正男君に鶴を折って手紙を書く時間だったね」みんなは口々に言っています。

やがてみんなで鶴を折る作業が始まりました。みんな一生懸命です。黙って真剣に折っています。でも徹君は鶴を折ることができません。手が動かしにくいのです。徹君はみんなが折るのを見ていました。

「徹君，あなたも鶴を折ってごらんよ」

加賀先生の声に「折れるかなあ。やれるかなあ」と躊躇している徹君に，「徹君が折った鶴を正男君はすごく喜ぶと思うよ」とさらに加賀先生は後押しをします。

徹君は1枚の色紙を手に取ると，なんとかあっちに折ったり口で支えたりして，折ることができたのです。

「ぼくでも折ることができました！」徹君は折ってよかったと思いました。先生に言われて今までやれないできないと思っていたことが，できたのです。徹君は泣きそうでした。自分ではできないと思って手も出さずにいたことができたのです。

やがて，みんなで折った鶴の一つひとつに針で糸を通して完成しました。それからみんなは正男君に早く元気になってもらうために手紙を書きました。

書き 終わった後，加賀先生はみんなに向かって言いました。

「今週の土曜日にこの鶴とお手紙を持っていきたいけれど，

誰か先生と一緒に行ってくれる人はいないかなあ」の声に教室のみんなは一斉に手を挙げました。

「そうか、みんな行きたいよね。でも病院へみんなで行ったら迷惑になることもあるから……どうしようか」加賀先生はみんなを見回しながら逡巡しています。

その時1人の男の子が「きょうは徹君が準備をしてくれたし徹君も鶴を3つも折ったし……だから先生と徹君で行ってもらったらどうなの」。

その声にみんなは「そうだそうだ。徹君はどうなの？」の声に「ぼくでいいのかなあ。ぼくはみんなのようにうまく歩くことができないので迷惑になるのではないかなあ」と小声で言います。

「大丈夫だよ。先生が一緒だから」その言葉で先生も大賛成の返事をして徹君が代表で行くことになりました。

土曜日の朝、加賀先生の車が徹君を迎えにきてくれました。「先生、ご迷惑ではないでしょうか。私も一緒に行ったほうがいいでしょうか」お母さんは心配して加賀先生に言います。

「大丈夫です。徹君は自分でがんばろうとする気持ちがこの頃強くなってきていると思いますから大丈夫です」加賀先生は笑顔いっぱいで言いました。

「それではお願いします。何かありましたらお電話ください」

徹君は加賀先生の車の後部座席に千羽鶴と一緒に座って出発しました。

病院へ着くと受付で正男君の病室を教えてもらい、3階の個室へ行きました。徹君は松葉杖でカタコト歩きます。

「徹君、よく歩けれるようになったねえ。立派！　さあ正男君はどうかなあ」先生がドアをノックしました。中から「はあい」と返事がしました。正男君です。2人は中に入ります。「こんにちは。やあ元気そうだね。うれしそうだなあ。徹君と一緒に来たよ」加賀先生は笑顔いっぱいで正男君を見ました。

　「こんにちは」徹君も笑顔で挨拶をしました。正男君と徹君は今まであまり学級の中でお話ししたことはありません。少し気恥ずかしかったけれど，なんだかずっと前から友だちだったような気持ちにもなりました。2人はしばらくの間は黙っていましたが，やがて学校のことやクラスのことを話したり正男君のお母さんから正男君の病気のことを聴いたりしました。正男君は小児喘息です。だから発作が起きると苦しくなって，今回はかなり長く苦しむ結果になりました。

　でも気分の良い時は，一人でゲームをしたり，学校の教科書を見たりしていると話してくれました。徹君もその場でゲームをやらせてもらいました。なんだか急に親しくなったようで，ほんとうに来てよかったなあと徹君は思いました。やがて面会の終わる時間も迫り，加賀先生と徹君は帰ることになりました。

　徹君は思い切って言いました。

　「正男君，思い切って言うけれど，なんだか正男君と友だちになったと思うととてもうれしいので……。学校で待っているから，また一緒に勉強したりゲームをしたりしてくれますか？」と。

　正男君は「いいよ，すごくうれしいよ。そんな日が早くこないかなあ。きょうはほんとうにうれしかったなあ」正男君は目に涙をいっぱいにして言います。2人は握手をしました。手と手をしっかり握り合って……。

　「なんだか2人にとってとてもいい日になったね。先生もうれしいなあ。正男君待ってるよ，きっとだよ。元気になってね」

　「先生ありがとう，徹君ありがとう」

　2人はまたまた握手をして別れたのです。

　徹君は帰り道，「きょうは連れてきてもらって，ほんとうによかったなあ」と心から思いました。

　「加賀先生，ぼくも元気をいっぱいもらった感じです。がんばってがんばって……いろんなことに勇気を持って挑戦する自分になりたいで

す」徹君は大きな声で言いました。「そうだよね，徹君が来てくれたおかげで正男君もほんとうにうれしそうだったでしょ。月曜日にみんなにいい報告ができるね」と加賀先生は言いました。

　なんだか徹君はお見舞いに行ったことで，新しい明日が始まるような気持ちになって，思わず「ようし，がんばるぞ……正男君ありがとう。先生ありがとう」と言いました。

（4）　辛かったら泣けばいい。脱皮は近い

産みの苦しみが歓びに

公立の中学校の教員を 6 年，小学校の教員を 7 年終えて，私は愛知教育大学附属岡崎小学校の教員として異動することになりました。その異動は，私には考えもしなかった異動であったのです。附属岡崎小は，三河教育の中核的な存在として，大正時代から引き継がれた「生活教育」を柱にした実践研究を行い，その実績はそれなりに評価されていました。

　毎年行われる公開授業を踏まえての研究協議会には，多くの参観者が関心を寄せて参集していました。私も公立の小学校にいた頃には，附属岡崎小の研究協議会に大きな刺激を受けて，なんとか自分でもと思い，「子どもの側に立つ授業実践の模索」をテーマにして，独りよがりではありましたが，取り組んでいました。その附属岡崎小へ異動になったのです。

ただ私にはこの異動をやや素直に受け入れられない面もありました。それは，附属の子どもは，「附属ファミリー」として，岡崎市の中でも富裕層であったり格式のある名家の子どもが多く通学していた

のです。

　もちろんそのことは，通学している子どもたちの責任でもなんでもありません。しかし，私の中にはある葛藤が生まれていました。私自身は三河の土着の百姓の倅です。そんなこともあって，私は高校は県立農業高校へ通学しました。農家の長男坊として，それは当然の成り行きでした。ところが高校2年生の秋に，あの未曽有の超大型台風であった伊勢湾台風に襲撃されたのです。田畑は壊滅的な打撃を受けた上に自宅の倒壊などを受けて，「これから農業で飯を食べることはできないかもしれない」と同級生共々，嘆きの淵に落とされたのでした。ちょうどその頃の日本は，戦後復興の兆しの中で高度成長期の芽生えを迎えていました。貧農の子としての自分と，その一方で高度成長期の芽生えにより豊かになっていく世の中との格差の中で，「自分は農業経営を継承すべきか」悩んだのです。そして結論的には愛知学芸大学への入学に至ったのでした。

　そして教員になり，13年間が経過していました。その時期の異動であったのです。私は附属の教育実践には共感していました。学ぶべきものとして憧れを持って見ていました。しかし，自分がその学校に赴任して富裕層の子ども，名家の子ども即ちエリート層を教育していくことに抵抗感を持っていました。

私の免許教科は社会科です。私はこの附属の子どもに社会科で何を学ばせるべきか，悩みに悩みました。そしてたどり着いたのが，岡崎市の八幡町（学校から10分くらいのところ）の路上で二と七の日に開かれている二七市を「学びの教材」として取り上げることでした。つまり附属の子どもたちにとっては，埃っぽい路上で開かれている「市」の中で近在の農家の人や行商人の人々が，何を生きがいにして野菜や呉服物，日常雑貨などを販売しているのかを，学びの対象に据えたのでした。

附属の子どもたちは，名古屋や岡崎市の中心商店街のエアコンのよく効いた店内での買い物が普通です。それをあえて「埃っぽい」「一見して汚い」ような風体をして商売をしている人と買い物客との交流の中に「人間的なふれあい」を見つめさせたいと思って取り組んだのでした。

　この実践活動は6月後半から始まって10月頃まで続きました。初めは「なんだか汚れている」「皺くちゃのおばちゃんたちがやっている」「道端にゴザを敷いて売り物を並べて売っている」「お客さんと店のおじさんがたのしそうにしゃべっている」など，子どもたちはやや汚いものを見るように，横目での関心を持ってかかわっていました。

それが 秋口になった頃には，子どもたちは，そのおじさんやおばさんと客とのやりとりに親しみを覚えると同時に，「おまけの商売のやり方」に何とも言えない郷愁を覚えるようになっていたのでした。今まで汚い，安物の買い物などと見下していたのが，おじさんやおばさんたちの人間的なふれあいに共感的になっていったのです。それは附属の子どもに私自身が見つめさせたいと考えたものを見つめさせることができたという一種の目的的な成就感を与えてくれました。その二七市の教材化は，私自身のエゴ的な強引なやり方であったにしても，附属の教育に少しは波紋をもたらしたかなあと思うようになりました。

それから の私は，社会科教師として，酒造りの杜氏として出かせぎに来ているおじさんと雪国の暮らしを扱った「雪国から来たおじさん」の教材化，岡崎市の石屋町の商売と石材造りの仕事などを扱った「石屋町のおじさんの仕事」，1年生の子どもたちと取り組んだ「給食のおばさんのおしごと」など，どちらかと言えば，華やかな生き方をしている人々よりも，世の中の光の当たらないところでがんばっている人々の生き様に附属の子どもたちを対面させる授業づくりにあ

142

えて挑戦していったのでした。

　そんな授業実践には，多くの賛意があったものの，批判的な意見も頂戴しました。しかし，その教え子たちが卒業して 10 数年経ってから同級会を行ったり，ある時は何となく三々五々集まって語り合ったりした時に，あの二七市の授業や出かせぎのおじさんたちのたくましさややさしさを「人々の暮らしのたくましさと賢さ」としてとらえている姿に，私なりにエゴ的ではあっても，それなりに取り組んだ意味があったのかなと思うのでした。

附属　の子どもたちが，人々の暮らしや生き方を見つめる機会を通して，そうした地道な生き方をしている人々の暮らしや生き様に共感していく時，彼らの中に何が宿るのか，確たることは言えませんが，私は，「庶民の暮らしぶりにこそ『世の中』があること」を角度を変えて考えさせる機会になっていったのかなあと思うのでした。それは世の中のエリート層がエリート層で終わらないでほしいという私のエゴ的な願いでもあったのでした。

退職後の人生

平成　15 年 3 月，私は 38 年の教師人生の幕を下ろしました。長いような短いような悲喜こもごもの教師人生でしたが，その教師人生に後悔はありません。いろんな難局もありストレスで身も心もズタズタになるような体験も数知れずありましたが，それもまた私の歩いた道です。

退職後　の生活については，住んでいる地元の方々から，「これからは地元の有志の一人として，がんばってくださらんか」

143

と声が掛かりました。今まで住んでいても何一つお役に立てることのなかった自分であったのですから、当然の恩返しとして、少しでも地域活動に貢献できるならと思っていましたので、再任用も辞退して、地元の自治区の仕事にかかわらせてもらっていくことにしました。

ただ 現役の頃に書いた少しの書籍が、大学の方々の目に留まったのか、「非常勤でいいから、大学で後輩のために、講座を持ってもらえないか」という要請もありました。そんなことで大学の非常勤講師を引き受けながら、地域活動にかかわっていたのです。

　そうこうしている間に、自分の後輩の学校からも「授業研究をしたいので、指導をお願いします」と声がかかり、計画性のないままに、地元の活動と並行して、各地の学校に赴くようになっていきました。しかし、そんな計画性のない日々も、だんだん「学校行脚と大学非常勤講師」の比重が高くなり、地元を重視しながらも、次第に年間100回以上の学校行脚が軸となっていったのです。

　まったく自分では予想もしなかった展開でした。もともと学校で授業研究をすることには、確たる抵抗感もなかった私ですから、各地の学校に請われて行脚することは、苦痛ではありません。

　私が学校行脚する中で一番力を入れたことは、「学校はたのしいところであらねばならぬが、歯をくいしばり涙をこらえてがんばるところでもある」ということでした。また、子どもの学びを保障をする「教育実践の日常化」を標榜しての「授業づくり」「学級づくり」「学びのスタンダードづくり」を行う先々の学校の先生方と苦楽を共にしながら、日々行ってきました。60代から70代の半ばにかけて、だんだん学校へ招かれる比重が高くなり、私自身のやりがい生きがいになっていきました。

　地域では神明社の改築委員長を仰せつかって、資金集めから始まって竣工までに至る仕事にかかわらせてもらえることも、負担感はありまし

たが，それなりにやりがいになっていました。

　とにかく退職後の10数年は「身を忙しくして働ける歓び」の時期として，私の充実感のある人生の中でも思い出深いものになりました。

ただ　76歳になった頃，私も人並みに体の不調に襲われました。検査検査の続く中での告知は「悪性リンパ腫への罹患」という思わぬものでした。検査の前日まで学校行脚で走り回っていた私に閃光のような衝撃が走ったのです。同じ豊田市内で同級生であった親友が，奇しくも同じ悪性リンパ腫で数年前に逝去していたことも大きな絶望感を私にもたらしました。血液ガンであることで手術もできず，多量の抗がん剤治療に任せなくてはならないという説明を受けて，絶望の淵に立たされた心境になりました。実際抗がん剤の副作用は想像を絶するものでした。拷問にかけられたような苦痛と絶望感を私に与え続けました。

　それでも6回の抗がん剤投与は，「ペット検査」の結果で，主治医から「ガンが消えましたね」の言葉を引き出したのです。私は思わず「治ったのでしょうか？」と問うと「いえ，ガンが見えなくなっただけです」と主治医は事も無げに言いました。現在の医療ではまだ極小のガンは見えないのです。そのために主治医の言葉は冷たく聴こえましたが事実です。「これからは様子を定期的に見ていきましょう」ということになり，現在においても定期検診は継続しています。

　そして，その病気の発症を起点にして，新たに潰瘍性大腸炎になったり，心房細動になってカテーテルアブレーションの手術をすることになったりして，病魔と闘う日々が今に続いています。「免疫力の低下がいろんな病気を誘発することになってきているのですね」というのが，病院の先生の見解でもあります。80代に突入して，今も請われるままに学校行脚を行っていますが，以前のような活動ぶりとは様変わりしています。それでも今に至っても，学校へ行き，教師のみなさんと一緒にな

って授業のこと，子どもの育ちのこと，教師の振る舞い方のことなどを語り合うことは私のささやかな生きがいになっています。

　果たしていつまで続くか，明日終わるともしれない今の生活ですが，私なりにいのちの燃え尽きるまでささやかな歩みを続けたいなと念じています。それが「今を生きる」私の希望でもあります。

何はなくても誠実であればよい

「**生きる** ことに誠実であれ」は，今の私の命題でもあります。病院通いをしながら多くの方々にお世話になっていますが，命永らえているこの人生を全うするまで，私は自分の人生を「生き直す」ことに誠実に向き合っていきたいなと思うばかりです。

　80歳という節目を越えて今私の足取りは重くなってきています。しかし，心のそこまで落ち込まないようにしていきたい，自分で自分を崩してしまうことのないように歩んでいきたいと思っているのです。「生き直す」とは，学校にいまだに招請されることを心の拠り所とし，自分に与えられた天命として誠実に誠実に学校訪問を行わせてもらうことです。

人生 には当然のことながら限りがあります。それでいいのです。みんなみんな赴くところは同じですね。そこに逝くまで私はなんとか丁寧に歩んで行きたいと願い，心を労わりながら歩んで行こうと思っています。

　それがいつの日になるかわかりませんが，後悔のないように誠実に生きていくということが今の私の心境です。

エピローグ

あせらず，あわてず，いらだたず。
みんなみんな仲間だ！

　果たして自分の教師人生はいかがなものであったかと思うに，「悪戦苦闘」とストレスに塗れた日々であったとも言えます。いや自分の力量から言えば，もったいないほどの「やりがいのあった学びの日々」であったとも言えます。過ごしてきた日々が懐かしく愛おしく思われる面もありますが，「なんとか歩いてきた，つまずきながらも転びながらもまた起き上がって歩いてきた日々」でもありました。

　そんな中で多くの先輩，同僚，後輩の教師人生に寄り添わせていただき，学ばせていただいたことは幸運であり，私には大きな体験であったとつくづく思うのです。過去を美化するのもなんだか気恥ずかしい限りですが，過ぎ去った日々を懐かしく温かく思うのです。

　今教師の置かれている現状が，決して安穏とした状況にはないことは，私なりに承知しているつもりです。世の中ではブラックな職業と揶揄されることも多々あります。それだけに，信念を持ってやり抜くには厳しい試練が待ち構えているとも言えます。しかし，私は「人の育ち」にかかわれたという思いが深く，大きなやりがいのある日々であったと思うのです。立ち上がれないような試練もまた大きな勉強であったと思うばかりです。

　今回，私自身の歩いてきた道を含めて，私の出会ったみなさんの教師としての生き様を綴る中で，「なんとかしよう」と歯を食いしばって涙をこらえて精進される姿に，深い感慨とともに，私は大きな「学び」を

受け取らせてもらい，「感謝の真心」を抱かせてもらいました。そこに
あるのは「あせらず，あわてず，いらだたず」を胸に刻み，ひたすら歩
き続ける一人の人間としての生き様です。そうです。みんなみんな仲間
なんです。焦りや苛立ちを背負いながら歩く姿に大いなる共感を覚えた
ことでした。歩く，歩き続ける，つまずいても転んでも起き上がって歩
く。それは人生そのものを真っ当に生きる誠実な人間の姿です。

　私は祈ります。どうか，現役でまだまだこれからのみなさん，教師人
生道半ばのみなさん，終章を迎えて懐かしく歩んできた道を俯瞰してい
るみなさん，みなさんがお元気でこれからも歩んでいかれることを心か
ら祈念いたします。最後まで読んでいただきほんとうにありがとうござ
いました。

前　田　勝　洋

著者紹介

前田勝洋

昭和 17 年生まれ。愛知学芸大学卒業。
小中学校で担任時代を過ごす。その間，愛知教育大学附属岡崎小学校で
「生活教育」（子ども主体の授業実践）を学ぶ。13 年間の校長職を終え
て退職（平成 15 年）。退職してからは求められて，小中学校現場を「学
校行脚」して教師たちと苦楽を共にしている。

主な著書　『子どもと教師が育つ教室』『校長になられたあなたへの手紙』
『「教師」新たな自分との出会い』『校長を演じる　校長に徹する』『ほっ
とでホットな学校づくり奮闘の記』『校長の決断』（以上，学事出版），『授
業する力をきたえる』『学級づくりの力をきたえる』『教師の実践する力
をきたえる』『教師のリーダーシップ力をきたえる』『教育に「希望」を
つむぐ教師たち』『カンタンでグッとくる「見つけ学習」のすごさ』『み
んなで，授業というバスに乗ろう！』『教師であるあなたにおくることば』
『授業力をきわめる知恵とワザ』『「聴く力」をみがきキャッチングに卓
越した教師になる』『ホットでほっとな学級びらき・授業びらき』『教師
力を磨く』『7 日でわかる教育実践の知恵とワザ 115』（以上，黎明書房）

悪戦苦闘が道を拓く

2023 年 6 月 30 日　初版発行

著　者	前　田　勝　洋	
発行者	武　馬　久仁裕	
印　刷	株式会社　太洋社	
製　本	株式会社　太洋社	

発　行　所　　　　　株式会社　黎明書房

〒460-0002　名古屋市中区丸の内 3-6-27　EBS ビル　☎ 052-962-3045
FAX 052-951-9065　振替・00880-1-59001
〒101-0047　東京連絡所・千代田区内神田 1-12-12　美土代ビル 6 階
☎ 03-3268-3470

前田勝洋著　Ａ５判・87頁　1500円

7日でわかる教育実践の知恵とワザ115 「やってみる」「させてみる」そして「賞賛する」

子どもが主人公になる教室経営を行うための，多忙な現場でも意外にカンタンにでき，効果の上がる教育実践の知恵とワザを115項目紹介。

前田勝洋著　Ａ５判・144頁　1700円

教師力を磨く

長年教育現場と関わってきた著者が，ちょっと無理してがんばれば誰でもできる，ワンランク上の教育実現のための知恵とワザを，エピソードを交え詳述。

前田勝洋著　Ａ５判・105頁　1600円

ホットでほっとな学級びらき・授業びらき 知恵とワザをどう仕掛けるか

心新たに学校生活を送るために，年度初めの４月だけでなく，長期休暇後の９月，１月にも行う「学級びらき・授業びらき」に役立つ知恵とノウハウを詳述。

「聴く力」をみがきキャッチングに卓越した教師になる

前田勝洋著　Ａ５判・92頁　1600円

子どもを育む知恵とワザをあなたに

子どもの発言をキャッチングする「聴く力」をつけ，子どもに寄り添う教師になるための知恵とワザが満載。具体的場面に即して詳述。学級担任必読の書。

前田勝洋著　Ａ５判・143頁　1700円

教師であるあなたにおくることば 「実践する知恵とワザ」をみがく

今目の前にいる子どもたちを真摯に育てる「知恵あるワザ」のエッセンスを収録。日々悪戦苦闘する教師を癒し，励ます感動のことばの「くすり」です。

前田勝洋著　Ａ５判・125頁　1800円

カンタンでグッとくる「見つけ学習」のすごさ 授業が変わる13のステップと20のワザ

シンプルで誰でも実践でき，子どもが生まれ変わったように生き生きと授業に取り組むようになる魔法の学習法「見つけ学習」のすごさを詳しく紹介。

前田勝洋著　Ａ５判・160頁　2000円

教師の実践する力をきたえる 「顔つきとことば」の仕掛けとワザをみがく

教師・校長として経験豊富な著者が，教師の信念や情熱を子どもや保護者に伝えるための「顔つきとことば」のきたえ方を伝授。

表示価格は本体価格です。別途消費税がかかります。